朱印集め・寺社巡礼超入門

「札所めぐり」のひみつ

歩き方・楽しみ方がわかる本

佛教大学教授
八木 透 監修

Mates-Publishing

はじめに

野に咲く花や路傍の石仏に励まされ、札所のお寺を訪ねてまわる。いま巡礼が静かなブームだ。

かつては病気平癒などの誓願を立て、功徳を求めて参拝したが、若者は自分探し、中高年では健康増進を目的に志す人も増えてきた。

その一方で、身近な人を失った喪失感から旅立つ人も少なくない。巡礼者の増加には、度重なる自然災害の影響もうかがえる。

動機が多様になった分、装束も白衣に手甲、脚絆といった定番のスタイルはやや影をひそめ、その人なりで構わないという風潮も強まった。参拝方法も簡略化が進んでいる。

本書は巡礼に関心があり、一度は札所めぐりに出かけたいと考えてい

る人のために書かれた入門書である。巡礼に興味を覚えたら、宗教的行為などと構えずに、まずは気軽に札所を訪ねてみてはどうだろうか。

古来巡礼は旅の一形式だった面もあり、御朱印を受けながら次々と札所を訪ねれば、安らぎや達成感も得られる。また思いがけない出会いも待っているだろう。

便利なバスツアーも用意され、脚力に自信がない人にはおすすめだ。快適な巡礼旅を望むなら、現地ガイドに案内をお願いしてもいい。

巡礼に出かけようとする人は、人生の転機に差しかかっているのかもしれない。俗世間を離れて自分の内部を見つめ、自分のペースで札所をめぐってみよう。み仏とともに、青空に浮かんだ白い雲が、巡礼路を歩くあなたを見守ってくれるはずだ。

巡礼旅へのいざない

目次

※本書は2013年発行の『日本の札所めぐりの歩き方・楽しみ方徹底ガイドブック』を元に一部を再編集し、情報更新、加筆・修正をしたうえで、書名・装丁を変更して発売しています。

第1章 札所めぐりの基礎知識

第2章 全国札所（巡礼）ガイド

本書の解説

●コース内の札所を
番号順にすべて
紹介しています。
外＝番外霊場
特別＝特別霊場
客＝客番霊場
聞＝番外聞山所

●コース内の札所の
御朱印を
掲載しています。

●コース内の札所を
3〜6ヶ寺
紹介しています。

●霊場の種類です。
観音霊場
不動尊霊場
弘法大師霊場
薬師如来霊場
地蔵尊霊場
その他
P36〜参照

第2章 全国札所ガイド

北海道・東北

第24番札所 弘道寺。本尊は十一面観音

御朱印

右は第1番札所・高野寺で、如意輪観音、左は第2番札所・神山教会で、十一面観音の御朱印

1 高野寺
2 神山教会
3 菩提院奥之院
4 金剛寺
5 本弘寺
6 仁玄寺
7 日光院
8 精周寺
9 新栄寺
10 立江寺
11 弘清寺
12 遍照寺
13 真言寺
14 丸山寺
15 春宮寺
16 金峰寺
17 弘照寺
18 富良野寺
19 松光寺
20 密厳寺
21 西端寺
22 清隆寺
23 大法寺
24 弘道寺
25 宝珠寺
26 大日寺
27 真言寺
28 弘法寺
29 龍徳寺
30 日高寺
31 円昌寺
32 亮昌寺
33 大正寺

DATA
▶コースガイド
開創：大正2年（1913）
エリア：北海道全域
コース全長：約2300km
標準日程：車利用で1週間〜10日

【問い合わせ先】
北海道三十三観音霊場事務局（最北大師真言寺内）
北海道稚内市中央5-11-21 ☎0162-23-4846
https://hokkaido33kannon.com

49

観音霊場

開創後、70年以上の時間を経て復活

北海道三十三観音霊場

ほっかいどうさんじゅうさんかんのんれいじょう

北海道開拓者のためにつくられた霊場めぐり

北海道三十三観音霊場は、徳島県出身の山本ラクによって大正2年（1913）に開創された巡礼コースだ。

徳島市で数件の割烹旅館を経営する資産家だった山本は、還暦を過ぎてから得度。善真という名を授かる。そして、北海道開拓のために入植した人たちの精神的よりどころとするため、全財産を投じて西国三十三観音の各本尊を模した三十三観音像をつくらせて北海道全域に散らばる寺院に奉納。この巡礼コースを整備した。開拓者だけでなく、将来、内地からの巡礼者も予想して、第1番札所は当時の北海道の玄関口、函館の高野寺とした。

北海道ならではの自然の厳しさなどにより、この巡礼コースはしだいに忘れ去られてしまうが、昭和60年（1985）に改めて霊場会が発足。現在の北海道三十三観音霊場がよみがえることとなった。札所は函館、札幌、旭川、稚内、根室と、北海道を一周する形。すべて真言宗寺院で構成されている。

第27番札所

真言寺（しんごんじ）
北海道稚内市中央5-11-21
日本最北の真言宗寺院で、最北大師と呼ばれる。本堂の本尊は大日如来だが、第27番札所の本尊として、講堂に如意輪観音が祀られている。

第1番札所

高野寺（こうやじ）
北海道函館市住吉町12-23
第1番札所であり、霊場会事務局も置かれている。本尊は高野山金剛峯寺大日堂から下付されたという、木造大日如来坐像（重要文化財）。

第33番札所

大正寺（たいしょうじ）
北海道室蘭市沢町2-6
結願所は室蘭港にも近い大正寺。参道には75段の石段があり、荘厳な雰囲気の本堂が巡礼者を迎える。本尊は十一面観音。

第7番札所・日光院。小樽市にあり、霊場の本尊は如意輪観音

48

●コースガイド
開創：霊場が始まった時期
エリア：霊場の地域
コース全長：コースの距離
日程：車などの利用でかかる日数

●コース内の札所の
位置を地図に
印しています。
左の一覧と連動しています。

COURSE MAP

●コースの縁起、ルーツや
特徴を解説しています。

本書について ●本書で紹介している記事・情報・データなどは、2021年9月現在のものです。

札所めぐりの基礎知識

巡礼旅をしてみたいが、何からはじめたらいいかわからない。
そもそも札所めぐり(巡礼)とは何だろう――。
基本的参拝の方法からその歴史まで、アウトラインを語っていく。

札所めぐり（巡礼）とは？

日本各地に1400ヶ所超の巡礼コース 西国三十三所や四国八十八ヶ所が有名

番号が振られた霊場内の寺院を順繰りに訪ねて参拝していく

巡礼といえば、白い衣装に身を包み、金剛杖を手にした巡礼者の姿を思い描く人が多いだろう。番号が付けられた、札所の指定を受ける寺やお堂を参拝していくのが巡礼だ。そのため札所めぐりとも呼ぶ。

西国三十三所や四国八十八ヶ所巡礼、秩父三十四ヶ所観音霊場がなかでも著名で、四国八十八ヶ所巡礼の札所めぐりを特別にお遍路ともいう。

そもそも札所とは、巡礼者が写経を納め、その証しとして木札や銅板

右／心の安らぎを求めて巡礼に出る人が増えている
左／秩父三十四観音霊場の第3番札所・常泉寺で参拝する巡礼者たち

札に住所氏名を記し、お堂の壁や天井に釘で打ち付けたことに由来する。この古い風習は現在では禁止されるが、巡拝のことを「打つ」といい、かつての名残をいまに伝えている。

開設時期や成立背景が異なる多様な巡礼コースが全国に点在

全国に巡礼コースは1400ヶ所以上も設けられている。四国八十八ヶ所巡礼のように、全長約1450キロにもわたる長大なコースもあれば、短時間でまわれるコンパクトな霊場もあり、ご利益もそれぞれちがって、内容はバラエティに富む。

もっとも古い歴史をもつのが西国三十三観音で、平安時代には巡拝が行われていたようだ。それに対し平成になって設立された霊場もあり、巡礼といっても千差万別だ。2章を参考に自分に合った霊場を探そう。

めぐり方の基本的ルール

一番札所からスタートするのが理想だが臨機応変に順番を変えても構わない

交通アクセスなどをよく考えてめぐりやすい順路を組み立てる

札所に付けられた番号にそって霊場内を一巡するが、必ずしも順番にこだわらなくてもいい。

秩父三十四ヶ所観音霊場では、西武秩父駅に近い、第13番慈眼寺からはじめる人も少なくない。

とはいえ、一番札所からまわるのがスタンダードだ。一番札所やその周辺には、巡礼用品をあつかう店が設置されることが多く、一番から開始するのが何かと便利である。

また厳密に札所の順番に固執する

右／緑豊かな自然を訪ねるのも巡礼の大きな魅力だ
左／志を同じくする仲間たちとまわれば、より充実した旅に

必要もなく、要はすべての札所を網羅できたかどうかだ。住んでいる場所や、交通アクセスを考慮して、自分なりの順路を選択しよう。

番号順にそった「順打ち」が基本 逆まわりを推奨しない霊場も

札所番号の数の少ないほうからめぐるのを「順打ち」といい、数の多いほうからまわるのを「逆打ち」と呼んでいる。四国八十八ヶ所巡礼では、逆打ちは巡礼3回分に相当するとされ、試みる巡礼者も多い。

案内板の表示は順打ち用につくられていて、逆打ちは道に迷いやすく困難性も高い。初心者は順打ちに徹するべきだろう。秩父三十四ヶ所観音霊場では逆打ちをすすめていない。

一度で全部巡拝できればいいが、何回かに分けても問題はない。とにかくムリをしないことだ。

札所めぐりでは何をするか……❶

納め札の投函や御朱印を受けるなど一般的な寺院参拝とは異なる慣習をもつ

住所氏名、参拝日を書き入れた納め札を各札所に奉納する

札所めぐりでは各札所に設置された所定の箱に、納め札（願い札）という紙片を投函するのが作法だ。

これは写経のかわりに奉納するもので、札所の売店で安価で購入でき、出会った巡礼者どうし、名刺のように交換しあうこともある。

一般的には白色だが、四国八十八ヶ所巡礼では巡礼回数によって色を変えている。1回～4回までは白で、5回～7回は緑色、8回～24回は赤色——といった具合。

家内安全 為
奉納
心願成就
秩父三十四所
坂東三十三所
西国三十三所
住所
氏名
日本百番霊場巡拝
同行二人
二世安楽
才
平成　年　月　日

西国、坂東、秩父の札所で構成する日本百観音霊場で用いられている納め札。100枚単位で購入でき、住所、氏名、年齢、参拝日などを書いて投函

ちなみに写経を納付する人は、納め札の箱に入れるか、札所内の納経所に提出することになっている。

納経所で所定の料金を支払って各札所の御朱印をいただく

参拝の後には、札所の納経所で用意した納経帳に御朱印を受ける。そもそも御朱印は写経を奉納した証しで、納経所、納経帳の名称に、以前の写経納付の伝統が息付いている。

いまでは御朱印は札所を参拝した証明として受け止められ、御朱印で埋まった納経帳は巡礼者の大切な宝物である。御朱印をいただく納経料は300円からで、おいずるや専用掛軸、専用額に受ける人もいる。

納経所では各札所の尊像をかたどった御影（お姿）を受けることもできる。希望者は専用の御影帳を購入しよう。御影代は200円ほどだ。

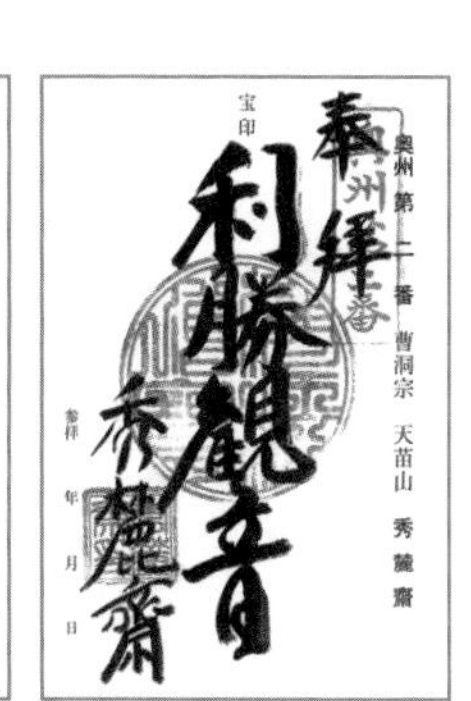

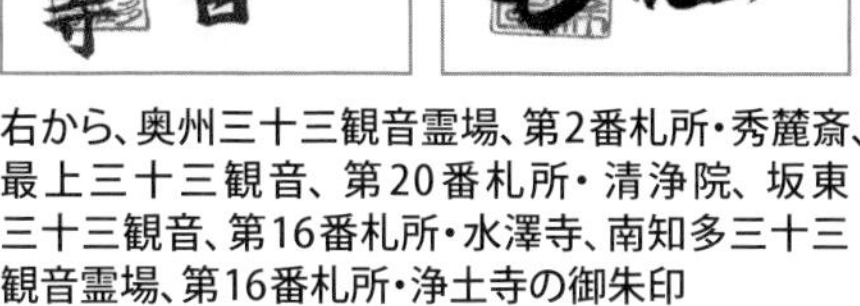

右から、奥州三十三観音霊場、第2番札所・秀麓斎、最上三十三観音、第20番札所・清浄院、坂東三十三観音、第16番札所・水澤寺、南知多三十三観音霊場、第16番札所・浄土寺の御朱印

右から、最上三十三観音、秩父三十四ヶ所観音、飛騨三十三観音霊場の納経帳

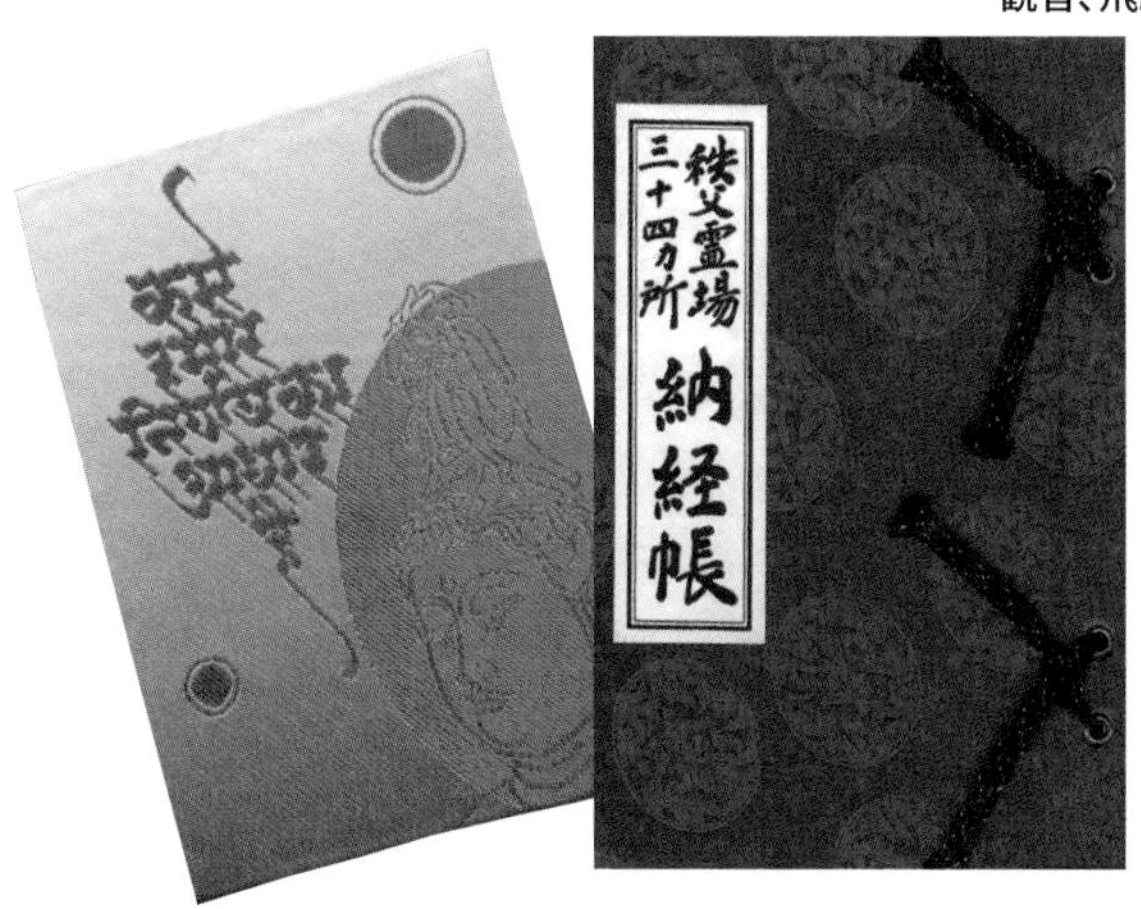

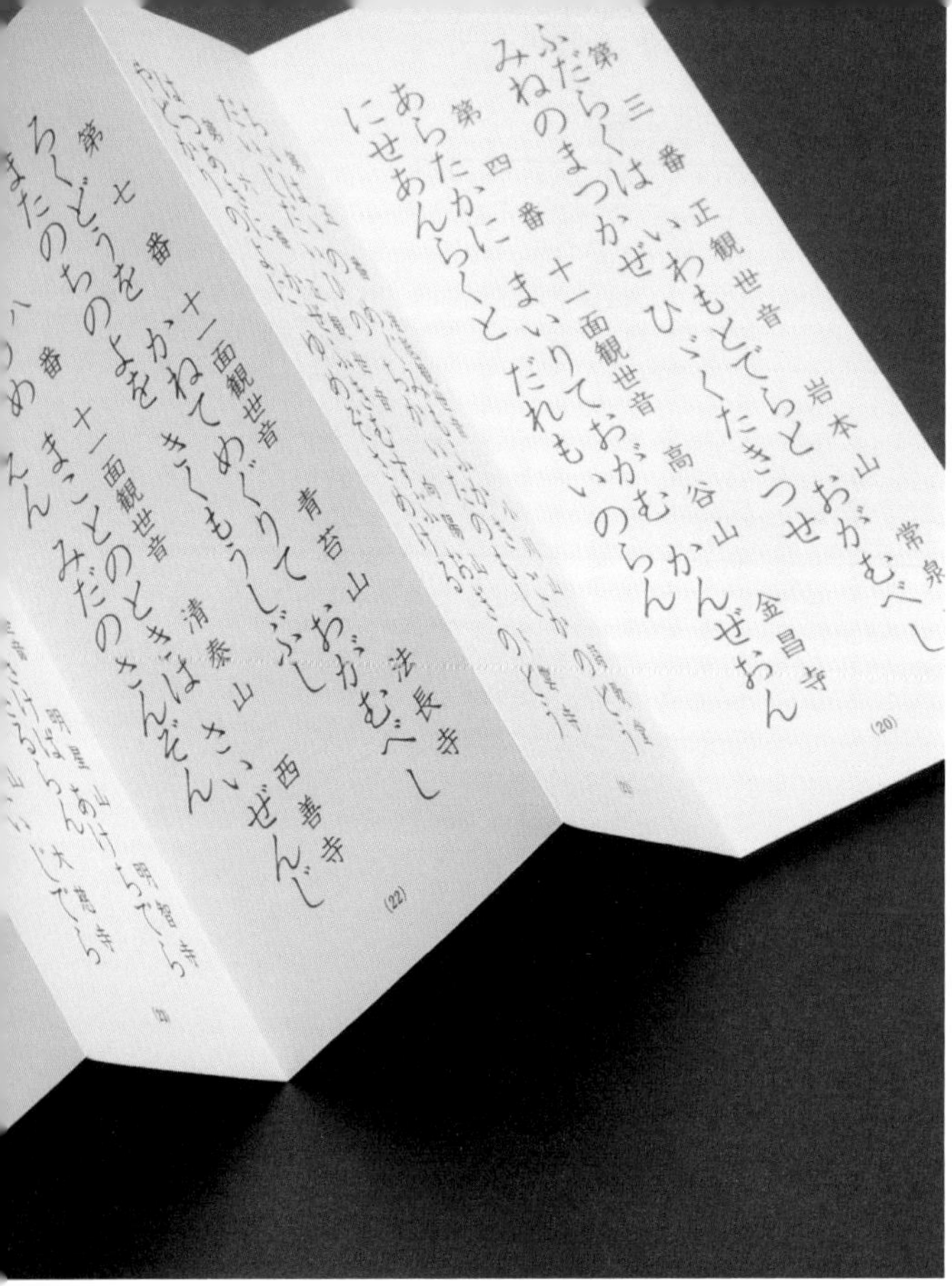

札所めぐりでは何をするか……❷

般若心経や寺の御詠歌まで唱えられれば巡礼者として及第点がもらえるだろう

経文や御詠歌ほかが掲載された便利な小冊子を入手しよう

いうまでもなく、札所めぐりで重要なのはお参りである。写経納付の習慣が薄れたいま、読経ですませるのが一般的になった。

手を合わせるだけや、お堂の本尊の尊名を唱えるだけの人もいるが、極力読経は行ってほしい。般若心経なら宗派を問わず、短時間で読めるので多くの巡礼者が唱えている。

この般若心経ほかを記載した、コンパクトな冊子を用意している霊場が多い。価格も手頃なので、参拝前

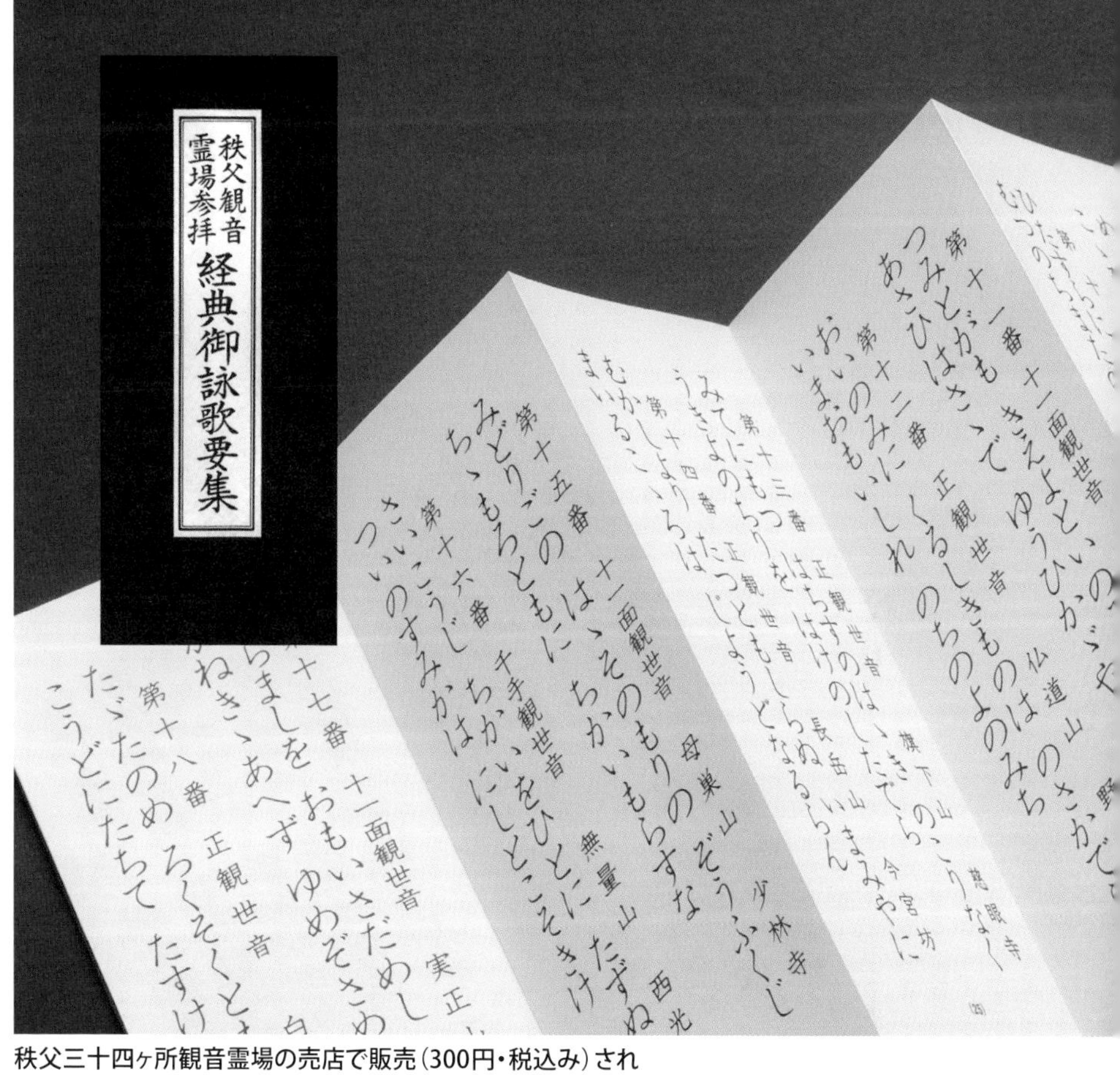

秩父三十四ヶ所観音霊場の売店で販売（300円・税込み）されている小冊子「経典御詠歌要集」。各札所の御詠歌も掲載する

に各巡礼地の売店で購入したい。

読経の後、各札所固有の御詠歌を詠めば、作法も申し分ない。御詠歌もその冊子に載っているはずだ。

お堂だけの無住の札所もあり 御朱印を受ける場所は事前に確認

四国八十八ヶ所のように、訪れた札所に参拝すべきお堂（四国では大師堂）と、それとは別に本堂がある場合には必ず両方に参拝すること。また本堂にも納経箱が設置されていたら、そちらにも納め札を投函する。

札所によっては管理者のいない無住の寺もある。そこでは御朱印はいただけないので、各霊場の札所連合会的な組織が運営するホームページなどで、近くにある納経所の場所を調べておくことも大切だ。

なお、お堂に千社札を貼ることは、どこの霊場も固く禁じている。

お参りの具体的流れ

札所めぐりには基本的な参拝作法がある それを守って礼儀正しい巡礼の旅を

❶ 山門で合掌し一礼

札所には山門から入る。山門がない寺では、境内との境界線あたりで本堂やお堂に向かって合掌し、一礼すればいい

❷ 水屋（手水所）で手を洗い、口をすすぐ

柄杓で左右の手に交互に水をかけ、左手の掌に水を注ぎ、それで口をすすぐ。最後に柄杓を洗って戻すのを忘れずに

❸ 鐘楼で鐘をつく

鐘つきを禁止している寺もあり、張り紙などで確認する。つけなくても、来訪を告げる鰐口（わにぐち）をたたけば功徳は同じだ

巡礼中は慎みをもって行動する 灯明など火の取り扱いには注意

札所での参拝は、基本的に上の流れになっている。どの霊場もほぼ共通だ。単なる観光参詣ではないから、厳粛な気持ちで臨もう。ちなみに巡礼中は夜の遊興もご法度である。

境内に入って梵鐘をつくが、近隣の住宅に配慮し、鐘楼はあってもつかないよう指導する札所も増えた。

そもそも鐘つきは、仏に来訪を告げるための行為で、お参りの前に必ずすませておくものだ。参拝帰りにうつ「戻り鐘」は、せっかくの参拝

④ 参拝するお堂へ。納め札（願い札）を納める

納め札には事前に住所、氏名、参拝日、年齢を記入しておき、設置された箱に投函。写経を用意してきた場合もこの箱へ

⑤ お灯明（ローソク）、お線香をあげる

献灯台が設置されていない寺や無住の寺では、ローソクは必ず消して帰る。くれぐれも火の取りあつかいには注意を

⑥ 厨子に向かって鰐口（わにぐち）を打ち、お賽銭をあげ、読経する

たとえ棒読みでもいいから読経したい。読経後にその寺の情景を読み込んだ御詠歌を唱えれば、功徳が増すという

⑦ 納経所で、御朱印を受ける

御朱印は納経帳だけでなく、おいずるや掛軸、額にも受けられる。費用は300円～。本尊の姿を刻印した御影は200円～

⑧ 本堂や観音堂に向かって合掌して一礼

御朱印をいただいたら境内を散策し、堂を飾る彫刻や寺宝などを鑑賞。その後、山門で合掌一礼し次の札所を目指す

功徳が消えるといわれ、どの巡礼霊場でもタブーとされている。

灯明や線香は手前ではなく、上段のほうからあげるようにしたい。そうしておけば、次に備える人の手が熱くならないだろう。こうした気配りも、巡礼者の心がけである。

灯明と線香は他人のローソクからでなく、自分で着火した炎で灯すこと。もらい火といって、札所めぐりでは忌み嫌われる作法だ。必ず所定の場所で灯し、灯明台などを設けていない札所では、絶対に灯さない。

御朱印集めの面白さ

札所ごとに墨書や朱色印の内容が異なり巡礼旅を振り返るよき記念の品となる

霊場や札所によって御朱印の内容は異なり、よりありがたみも増す。最近では御朱印集めがブームになっている

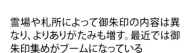

その霊場に即した納経帳を用意参拝後に納経所で授与される

やや大ぶりな手帳サイズの納経帳に、達筆な墨書で手書きし、その上から朱色の印を押した証しとして受け取るものだ。かつては巡礼者が写経を奉納した証明として発行されたため、納経印と呼ぶ札所もある。

納経帳（御朱印帳）は一般寺院向けでなく、札所名があらかじめ記載された霊場専用のものを購入したい。主要霊場なら札所の売店で販売（1000円台〜）しているはずだ。

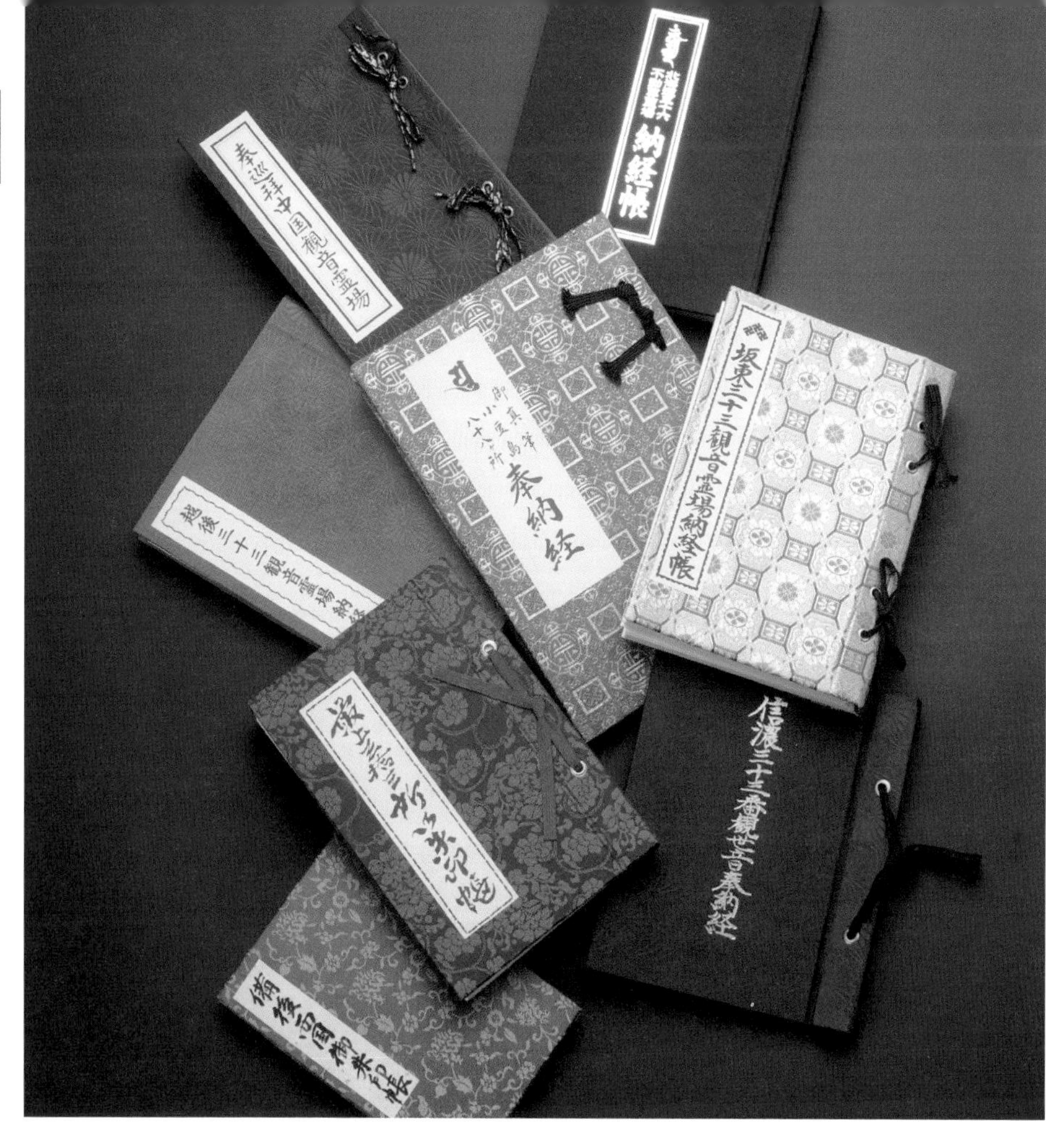

御朱印代は３００円から５００円くらいが相場だが、ここにはお布施が含まれていて、お寺の維持管理を図るための大事な浄財となる。

納経帳を開くたびによみがえる巡礼旅で味わった感動の数々

御朱印はその札所固有のもので、同じ霊場内でも内容はちがう。さらに墨書を書く人によっても、ニュアンスが変わってくる面白さがある。

それが妙味で、押してもらう楽しみとなり、さらに巡礼旅を続ける大きな動機にもなるだろう。

札所めぐりを終え、御朱印で埋まった納経帳を開くとき、成しとげた達成感と、巡礼行の思い出がしみじみとよみがえってくる。

大切に保管すべきで、なかには親戚縁者の墓前に納経帳を供えたり、棺に納めたりする人もいるほどだ。

御朱印には何が書かれているか

紙面に書き記された内容が理解できればありがたみや功徳も一段と増すだろう

丹精込めて書かれた御朱印から仏のみ心が醸し出されてくる

御朱印は達筆で書かれ、崩し字を使うこともあって、なかなか判読できないものが少なくない。

中央に大きく墨で書かれるもので多いのが、参拝対象となる本尊の名称だ。釈迦如来や薬師如来、不動明王などと書かれている。

なお観音（観世音）菩薩の場合には、「大悲閣」「大悲殿」と記されることがある。大悲とは観音菩薩の異名。閣や殿を付け、ここが観音菩薩の住まいであることを表現する。

寺の名やお堂の名前を大きく記した御朱印もあり、さまざまなスタイルがあって興味深い。また墨書では、ほかにお寺の山号や寺号、参拝日ほかが通常表記される。

センターの墨書に重ねて押される朱色の印は、本尊名を梵字で表した御宝印の場合が多い。札所の番号やその寺固有の押し印も押される。

読めないときには、書き入れてくれた方に聞いても失礼には当たらないので、臆せずたずねてみよう。

奉拝
〈ほうはい〉

右上に書かれることの多い「奉拝」の意味は、謹んで拝むこと。奉拝を書き込まない霊場もある。押される朱印は札所番号を示す

御宝印・三宝印
〈ごほういん・さんぼういん〉

本尊名や堂名に重ねて押される朱印は、本尊などを梵字で示した御宝印か、「仏法僧宝」の4文字を表現する三宝印が多い

お参りした年月日

右下に書かれることが多いが、参拝日を墨書しない霊場もある。日付の記載を希望しない場合には、納経所でその旨を告げよう

本尊名やお堂名など

参拝した本尊名や、本尊のおあすお堂名が中央に大きく書かれることが多い。右の例は観世音菩薩三十三化身の一つ、聖観世音の尊名

結願印

最後の札所で受けられる印。無事に札所めぐりが完了したことを示す。ちなみに瀧泉寺は、江戸三十三観音霊場の最終札所にあたる

寺号

お寺の名称が黒々と墨書される。この寺号の上に、○○山と山号を合わせて書かれるケースもある。基本的に左側に記されるものだ

お寺の押し印

山号と寺号を刻んだ寺の押し印。御宝印・三宝印の下に押されることもある。隷書体や篆書体（てんしょたい）で書かれていて、角版や丸版の別がある

瀧泉寺（りゅうせんじ）（東京都目黒区）

不動明王を本尊とし、江戸五色不動の一つ、目黒不動の名で親しまれる天台宗の名刹。なお江戸三十三観音霊場は浅草寺や護国寺、増上寺ほか都内の有力寺院をめぐる。江戸中期成立の霊場を昭和になって再生した。

正しい御朱印のいただき方

あくまで参拝の証明として受け取るもの 御朱印集めを優先するのは本末転倒だ

御朱印集めのブームとともに作法をわきまえない人が増えた

お寺や神社で受ける御朱印は、それぞれ書かれている内容が異なることから珍重され、昨今は集めることがさながらブームとなっている。

それにともないマナーの悪い人が多くなり、御朱印コレクターと化した人もなかにはいるようだ。

繰り返しになるが、御朱印は参拝した証しとして受けるもの。それを目的にしてはならない。御朱印だけいただいて帰るなどはもっての外だ。苦労して集めたとあって、他人に

ご本尊にお参りする

前述した参拝の作法に従って、心静かにお参りする。御朱印は基本的に参拝後に受けるものだが、納経所が混雑している場合には、納経帳を参拝前に預け、押しておいてもらうのは許される

心静かにお参りすることで、御朱印のありがたみも増す。この時間を大切に

御朱印をいただく

納経所の窓口に、札所のページを開いて差し出せば書き込んでもらえる。書く方はいずれも達筆。巧みな筆遣いを堪能しよう。いうまでもなく、納経代（御朱印代は300円～）は支払うこと

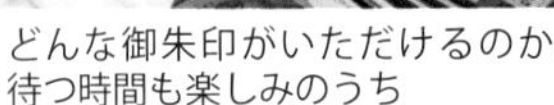

どんな御朱印がいただけるのか、待つ時間も楽しみのうち

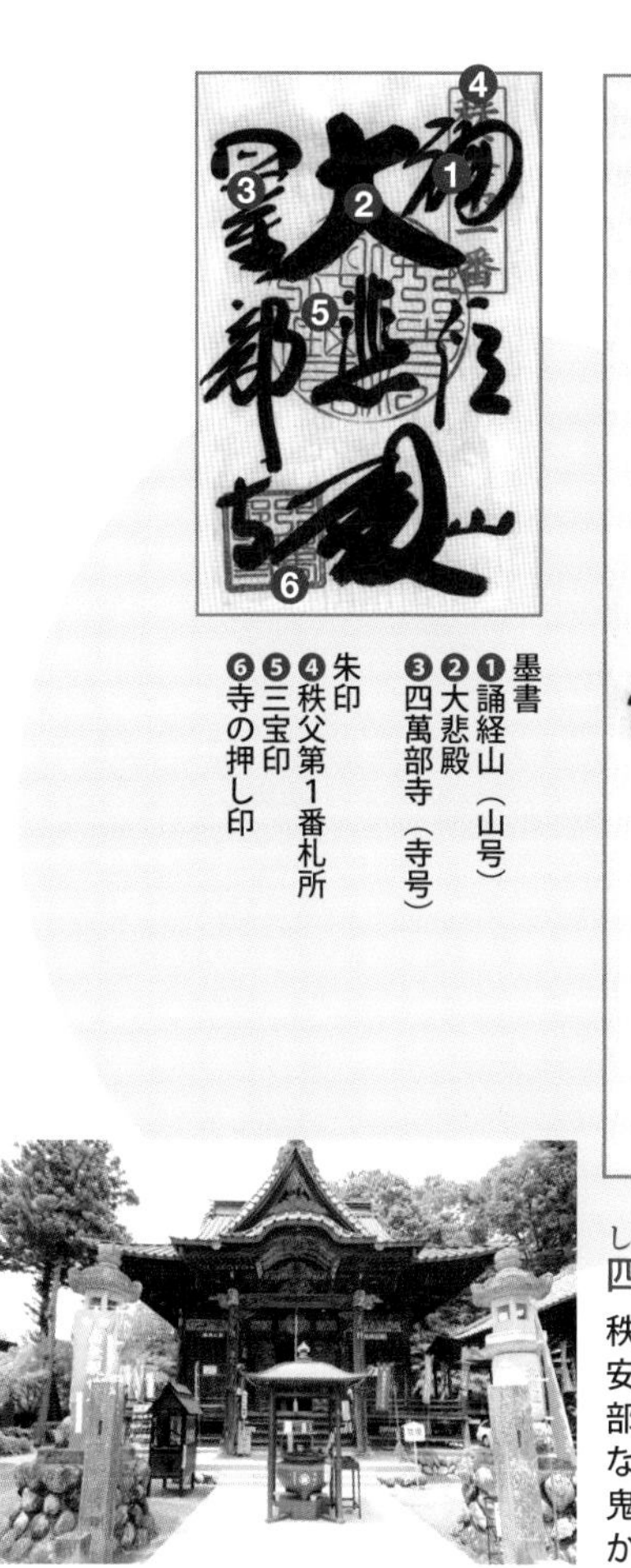

墨書
❶誦経山（山号）
❷大悲殿
❸四萬部寺（寺号）
朱印
❹秩父第1番札所
❺三宝印
❻寺の押し印

四萬部寺（しまぶじ）（埼玉県秩父市）

秩父三十四観音霊場の第1番札所。平安期の創建を伝える古刹で、寺名は4万部の経典を経塚に埋めたとの説話にちなむ。毎年8月24日に開かれる「大施餓鬼会」で有名。境内には巡礼用品をあつかう売店がある。

自慢したくもなるが、そもそも御朱印は人に見せびらかしたり、収集数を人と比べたりするものではない。それを十分わきまえよう。

御朱印をいただくのも巡礼行為 単なる札所参拝の証明ではない

団体で参拝した場合には、参拝前に納経帳を預け、参拝後に受け取るスタイルをとらざるを得ない。だが個人参詣では大事な巡礼行為の一環として、慎みをもっていただこう。

一般参拝ではないので、納経帳は霊場専用のものを用意する。なお一般参拝であっても、神社と寺の御朱印が混じっている御朱印帳は、神社、寺の双方から敬遠される傾向もある。

何度も霊場をまわり、同じ納経帳に重ね印で真っ赤にする人もいるが、そのつど別の納経帳で御朱印を受けるかどうかは、個人の考え方である。

巡礼霊場の歩き方　個人編

参拝にかかる日数や移動手段などを考え自分にフィットした旅を組み立てる

各霊場では、歩き巡礼者のために案内板を整備する。写真は秩父三十四ヶ所観音のもので、江戸時代の巡拝道をガイド

札所めぐりでは、巡礼者が集まる宿に泊まると情報交換ができて便利。写真は秩父三十四ヶ所観音霊場、第1番・四萬部寺の隣にある旅籠一番

徒歩巡礼にこだわりたい人はやや小ぶりな霊場からはじめる

歩き巡礼を理想とし、徒歩で通したいと考える人は少なくない。とはいえ四国八十八ヶ所巡礼を歩くとなると、50日前後はかかってしまう。

分割してめぐってもいいのだが、この四国や西国三十三所、坂東三十三観音といった大霊場を徒歩でまわるには、ある程度覚悟が求められる。いきなり大霊場に挑むより、全行程約100キロの秩父三十四ヶ所観音や、すべて鎌倉市内にある鎌倉三十三観音霊場といったコンパクト

巡礼ブームを受け、宿泊する宿坊や民宿も、風呂ほか館内施設を充実させるところが増えてきた。豪華な精進料理を用意する宿坊もある

な霊場からはじめてみてはどうか。

秩父なら徒歩約5日。巡礼者も多く、さまざまな体験談も聞けるはず。

レンタカーを積極的に活用して短期間で集中的に札所をまわる

四国でもクルマを使えば最短10日でめぐれる。クルマで移動しても、功徳が薄れるわけではないので、時間に余裕のない人は活用しよう。

レンタカーと航空券、1日目の宿泊代をセットにした、旅行パックを用意する旅行代理店もある。

宿泊は宿坊や民宿が手軽だ。1泊2食つきで6500円前後から。

一人旅は不安だという方は、案内人を頼むのも手だ。宿泊場所や昼食の面倒もみてくれて便利である。

現在、各霊場をめぐった体験談を載せるホームページが充実する。生の声満載なので、必ずチェックを！

巡礼霊場の歩き方 ツアー編

主要霊場をカバーするバスツアーが充実 日帰りから長期までメニューも多彩だ

多くの同乗者たちとめぐる旅はにぎやかで巡礼の楽しさも倍加

クラブツーリズム、阪急交通社などの大手旅行会社が、四国八十八ヶ所巡礼や西国三十三所、坂東三十三観音など、主要霊場のバスツアーを実施している。

一回ですべての札所をまわる長期タイプから、2回、3回などと分けてめぐっていくタイプ、さらに日帰りを重ねて満願成就を迎えるタイプなど、個人のニーズに応じた、きめ細かいツアーが用意される。

主要霊場以外にも、不動尊めぐり

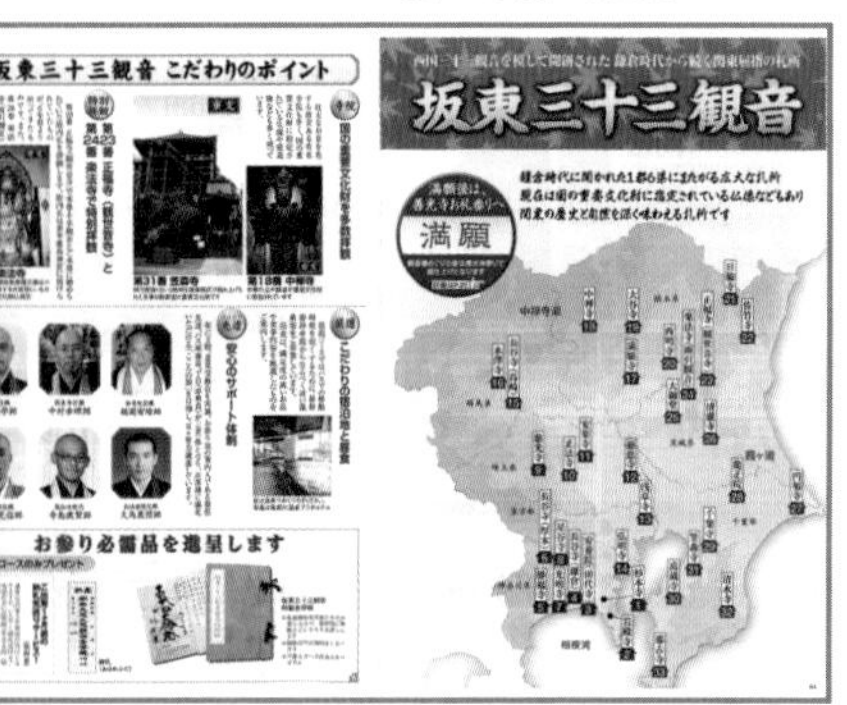

多くの札所めぐりのバスツアーを主催する、クラブツーリズムの案内パンフレット。参加者のニーズに応じたきめ細かな旅を提供

や薬師めぐり、十三仏めぐりほか、さまざまな巡礼ツアーが組まれているので、各旅行会社に問い合わせ、メニューを選んで参加しよう。

全部お任せなのが大きな魅力 ガイドから各種の情報も聞ける

バスツアーの魅力は、とにかく効率がいいこと。次々と札所をまわれ、さらに宿泊場所探しや食事の心配も無用で、すべてお任せで気軽だ。

案内が付くツアーでは、くわしい札所の説明が聞ける。参拝作法も教えてもらえ、読経や御詠歌をリードしてくれるのも初心者にはうれしい。

一方で自由度はなく、立ち寄りたい名所があっても、あきらめざるを得ない。現地の人との交流も少なくなりがちだ。また長期間の旅では同乗者にそれなりに気を遣い、気づまりを感じる人も一部にいるようだ。

目的が同じだから、見知らぬ人ともすぐに打ち解けて仲良くなれる巡礼バスツアー。一人で参加しても安心だ

札所めぐりの装束・用具

正式な装束でめぐる人は最近少なくなり若者を中心にカジュアル化が進行中

菅笠から時計回りに手拭、納経帳、経文も記載した小冊子、納め札、頭陀袋、持鈴、輪袈裟。すべて札所の売店で購入できる

装束で許される最低ラインはおいずるを着て輪袈裟をかける

頭に手拭と菅笠、白衣の上に袖なしのおいずるを重ね着し、首から輪袈裟を下げる。手には手甲、数珠、脚まわりは脚絆と白地下足袋で固めて、金剛杖をもち、鈴をぶら下げる。

さらに肩から下げた頭陀袋の中には、経典、ローソク、線香、納め札、納経帳ほかが入っている。

以上が正式とされる装束と持ち物だ。とはいえ装束に関しては、抵抗を覚える人もいるだろう。実際、正装でめぐる人は減ってきた。

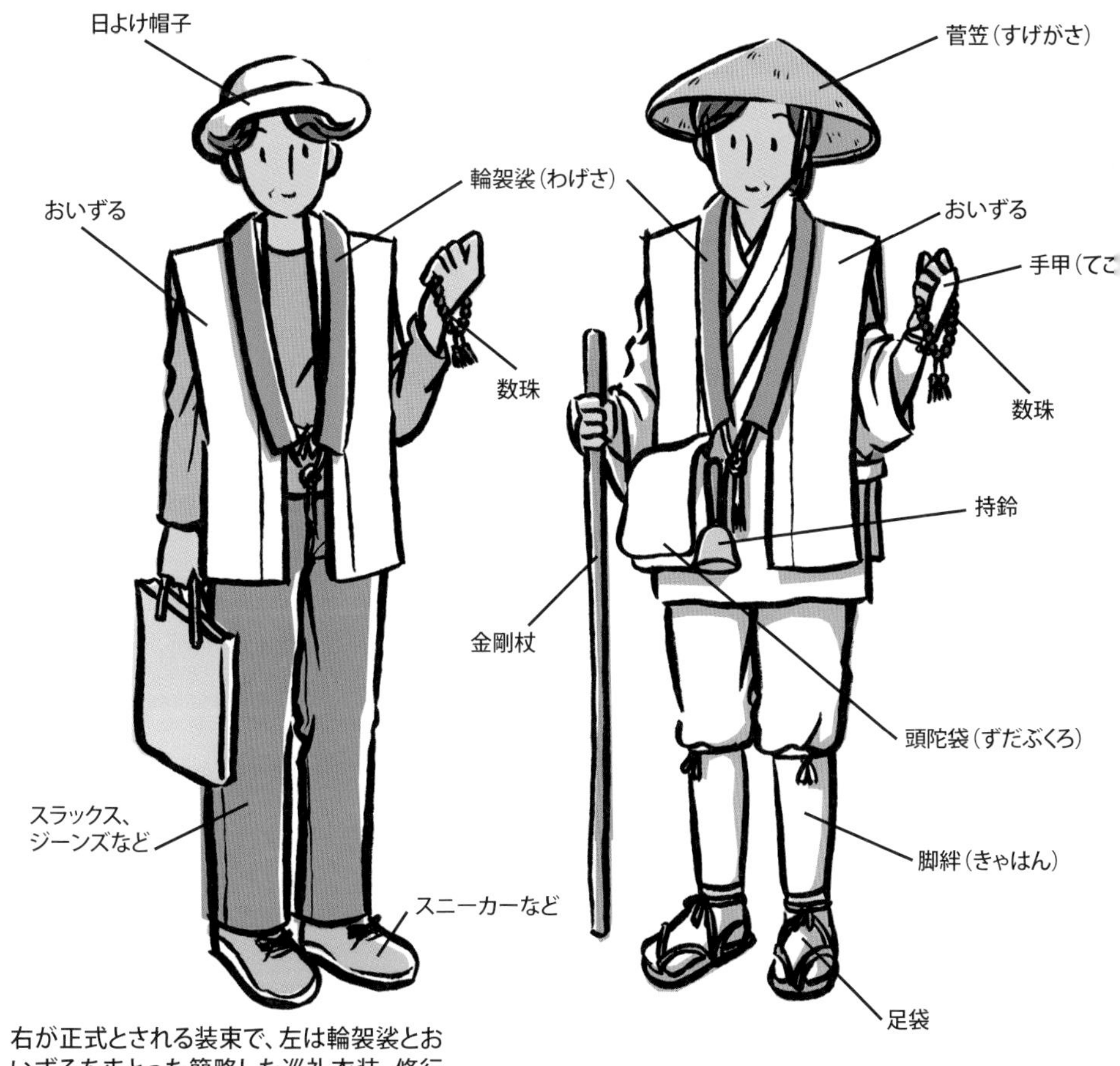

右が正式とされる装束で、左は輪袈裟とおいずるをまとった簡略した巡礼衣装。修行である以上、簡略版が最低ラインだ

では、どこまで簡略化していいか。おいずるに輪袈裟が、最低限のラインではないか。持ち物では納め札、納経帳、数珠は必携といえる。

最終札所への奉納に関しては霊場によって作法には差がある

正装かどうかは別にして、扮装や持ち物にまつわるルールやマナーに触れていこう。まずはトイレに入るときは、必ず輪袈裟を外すこと。

金剛杖に関しては特別な定めがない霊場も多いが、四国八十八ヶ所巡礼では厳格だ。一日の札所めぐりが終わったら、杖の先を洗い清める。杖が弘法大師の分身との考えからだ。また大師が下で休んでいるとして、橋の上では絶対に杖をつかない。

最終札所に菅笠、おいずる、金剛杖を奉納する慣習もあるが、霊場によって差があり、持ち帰る人も多い。

般若心経と御詠歌

最初は単なる棒読みで一向に構わない 仏前で唱えればありがたみも増すだろう

宗派の別なく唱えられる般若心経は、札所めぐりでは定番中の定番。巡礼中は常に携帯し、参拝時には必ず誦経しよう

般若心経は宗派を超えた経典で 巡礼行ではもっともポピュラー

般若心経はわずか262文字に仏教の教えのエッセンスを集約し、札所めぐりでは多くの巡礼者が唱える一般的な経典だ。頭に「偉大な」の意味の魔訶を付け、「魔訶般若波羅蜜多心経」などと表記される。

参拝で唱えるのには、やはり照れもあろう。見様見真似で構わないので、ともかく口に出してみよう。札所をまわるうち、しだいに板についてくるはずだ。経験豊富な巡礼者に教えを請うのも上達の秘訣。

○摩訶般若波羅蜜多心經
観自在菩薩。行深般若波羅蜜多時。照見五蘊
皆空。度一切苦厄。舍利子。色不異空。空不異
色。色即是空。空即是色。受想行識。亦復如是。
舍利子。是諸法空相。不生不滅。不垢不淨不
增不減。是故空中。無色無受想行識。無眼耳
鼻舌身意。無色聲香味觸法。無眼界乃至無意
識界。無無明亦無無明盡。乃至無老死。亦無
老死盡。無苦集滅道。無智亦無得。以無所得故
菩提薩埵。依般若波羅蜜多故。心無罣礙。無罣
礙故。無有恐怖。遠離一切顚倒夢想。究竟涅槃。
三世諸佛。依般若波羅蜜多故。得阿耨多羅三
藐三菩提。故知般若波羅蜜多。是大神呪。是
大明呪。是無上呪。是無等等呪。能除一切
苦。眞實不虛。故説般若波羅蜜多呪。即説呪
曰。羯諦。羯諦。波羅羯諦。波羅僧羯諦。菩
提娑婆訶。般若心經。

「色即是空」のフレーズで知られる般若心経は、たった262文字中に大乗仏教のエッセンスが簡潔に説かれている

秩父三十四ヶ所観音の寺では、各札所のお堂に御詠歌の額がかけられている。写真は第1番札所・四萬部寺。寺の由来となった、埋経4万部の経典について歌い込まれる

そして般若心経に興味が出てきたら、書かれている内容を調べたい。ネットには誤った解釈も横行しているので、専門書を頼るのがベストだ。

大切な仏教文化の一形式として御詠歌詠唱の伝統を守りたい

本尊への崇敬を込め、三十一文字の和歌形式にしたものが御詠歌である。札所ごとにつくられていて、お寺の情景やたたずまいを読み込んだものが多く、それ自体趣き深い。

本来、節を付けて唱えるが、棒読みするだけでも参拝の味わいが増す。御詠歌詠唱の風習は、廃れつつあるのも事実。だが中世から続くこの参拝慣習を尊重したいものだ。

また和歌ととらえれば、そこに面白さを発見できるにちがいない。大きな霊場では、御詠歌詠唱をＣＤやＤＶＤに収録して販売する。

札所めぐりの成立と発展──❶

日本最古となる西国三十三所が平安時代に巡礼コースとして定着する

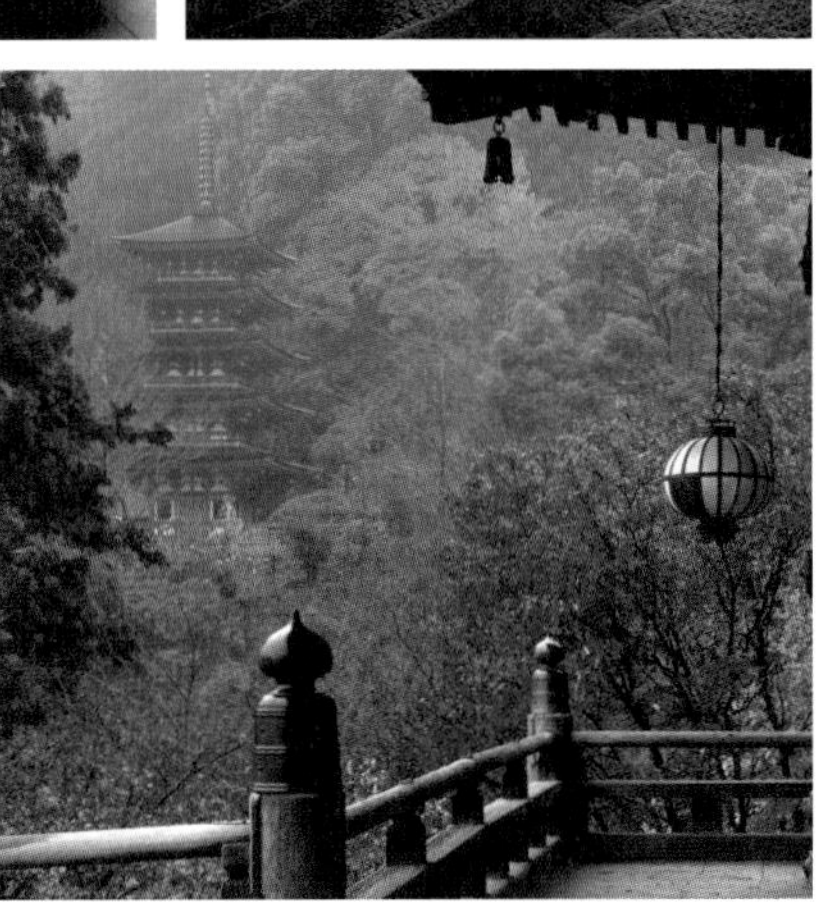

<西国三十三所の寺>
右上／和歌山県那智勝浦にある青岸渡寺が第1番札所。近くには有名な那智の滝がある
左上／西国三十三所最終札所の華厳寺。戒壇めぐりで有名だ
右／巨大な十一面観音で知られる名刹、奈良桜井市の第8番札所・長谷寺。秋にはみごとな紅葉が寺を飾る

弘法大師空海の事績をしのぶ四国八十八ヶ所も平安時代から

もっとも古い歴史をもつのが西国三十三所だ。奈良時代の開創を語る伝承もあるが、平安時代には確実に行われていたことは間違いなく、札所めぐりの原点として、いまでも多くの人が巡礼路をたどる。

三十三の意味は、参拝対象の観音菩薩が33の姿に変身し、衆生を苦しみから救済することにちなむ。

弘法大師信仰が核になる四国八十八ヶ所巡礼も、平安時代の創設とされる。大師が亡くなった後、弟

<四国八十八ヶ所巡礼の寺>
右／第1番札所、徳島県鳴門市にある霊山寺
左／第88番結願の香川県さぬき市の大窪寺

<坂東三十三観音の寺>
右／立木観音を安置する、栃木県日光市の第18番札所・中禅寺。眼前に中禅寺湖が広がる
左／群馬県渋川市の第16番札所・水澤観音堂（水澤寺）。境内に立つこの六角二重塔は国の重要文化財

子たちが大師の修行の足跡を訪ねたのがはじまりという。88ヶ所の札所が固定されたのは、室町時代末期から江戸時代にかけてのことのようだ。

西国三十三所の写しで開かれた坂東三十三と秩父三十四ヶ所

中世になると貴族や僧侶だけでなく、一般階層も巡礼を行うようになる。だが関東の地から西国は遠いとあって、鎌倉武士たちの願いにより、西国三十三所にならって開かれたのが、坂東三十三観音だ。

既存の霊場信仰を他地域に移植することを「写し（移し）」というが、坂東三十三観音はその写しの典型である。秩父三十四ヶ所観音も、西国三十三観音の写しとして室町時代に定着した。西国、坂東と合わせ、百観音霊場を形成するため、戦国時代に1寺増やし34ヶ所となっている。

札所めぐりの成立と発展――②

江戸時代には観光旅行的な要素も加わり巡礼旅が庶民階層にも普及していく

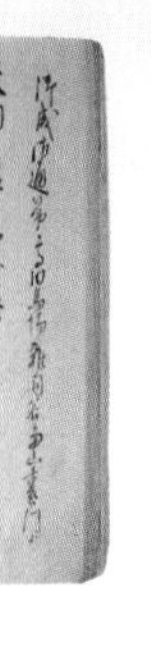

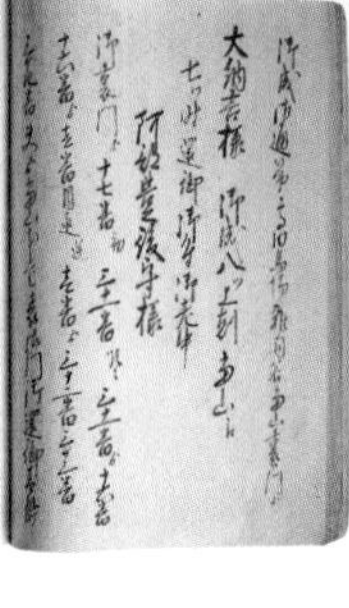

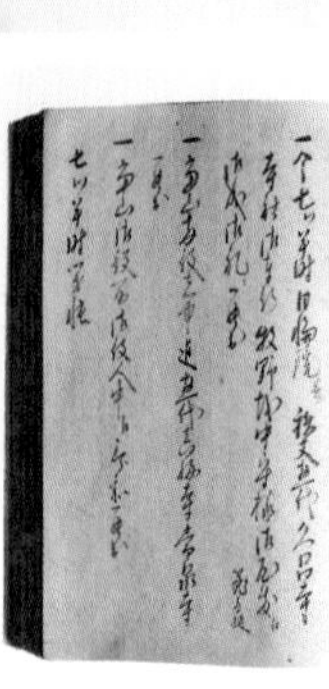

江戸時代の案内書に載る、秩父四萬部寺の境内古図。下は同じく秩父霊場の本尊総開帳について記された江戸期の史料

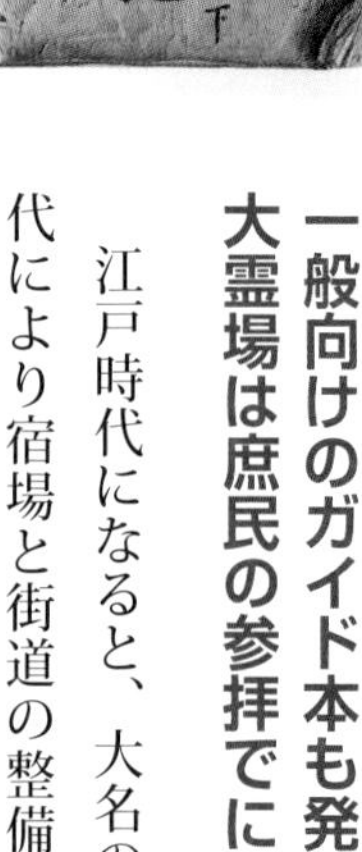

一般向けのガイド本も発行され大霊場は庶民の参拝でにぎわう

江戸時代になると、大名の参勤交代により宿場と街道の整備が進み、旅が格段としやすくなった。庶民層にも金銭的なゆとりが生まれ、札所めぐりが人気を博する。

このブームを受け、宿泊や参拝手配の面倒をみる御師（おし）と呼ばれる人々が台頭。大衆化にいっそう拍車がかかり、霊場案内のガイドブックも多数刊行されるに至った。

地方に写しによる霊場がたくさん生まれたのも、江戸時代の特色だ。

長野県小谷村にある100体の観音石仏を集めて祀った「前山百体観音」。近隣住民の願いにより、幕末期につくられた

現在残っている多くの霊場も、江戸時代に開かれたものが意外に多い。

江戸時代にはミニ型霊場も登場 平成になっても生まれ続ける

とはいえ現代とちがい、江戸時代には誰もが気軽に札所めぐりに出られるわけではない。そこで農民や町民の願いに応えたのが、地域に設けられた小さな集約型霊場だった。

西国、坂東、秩父各霊場の観音菩薩100体の石仏を一ヶ所に集めた百観音や、堂内を一巡すると霊場をめぐったと同じ功徳だというさざえ堂も、江戸後期には多数つくられた。

実は巡礼霊場は、明治以降も創設されている。それは大正、昭和にとどまらず、平成に入ってからも続く。関東八十八ヶ所は平成7年。新上州三十三観音も平成11年に開かれた、生まれたてほやほやの新しい札所だ。

観音菩薩信仰の霊場

慈悲の心で衆生の苦悩を救ってくれる仏
全国には600を超える観音巡礼霊場

衆生に寄りそった観世音菩薩だけに各地に多数の霊場を生み出した

観音菩薩は仏教伝来とともに伝わり、観音さまとして日本人には親しまれている仏だ。観世音菩薩、観自在菩薩が正式名称で、般若心経の冒頭にも登場する。また阿弥陀如来の脇侍として祀られることも多い。

災難や煩悩に悩む衆生に、手を差し伸べてくれるありがたい功徳から、西国三十三所や坂東三十三観音、秩父三十四ヶ所観音霊場といった有名所にとどまらず、観音を主尊とする巡礼霊場は、国内に600ヶ所以上もあるという。

その観音巡礼霊場の多くが33ヶ所の札所めぐりのスタイルをとるが、観音三十三応現身として、33の姿に変化して人々を救済すると書かれた観音経にちなむものである。

千手観音、十一面観音といった本尊の変化に注目して巡拝する

札所を訪れたら、どんな観音が祀られているかをチェックしよう。

観音はさまざまな姿で造形されていて、千手観音や十一面観音、聖観音、如意輪観音あたりが主だったところだ。なお他は柔和な表情でつくられるが、馬頭観音だけは恐ろしい形相で観る者を威嚇する。

観音は姿によって微妙に功徳もちがい、札所ごとの変化様式を知ることは巡礼の楽しみの一つである。

西国三十三と秩父三十四では、基本的に本尊は秘仏で、公開は限られた時期のみだ。秩父では令和8年が12年に一度の全開帳の年である。

広島県福山市にある、観音霊場のあぶと観音

頭部が約11ある十一面観音は、観音霊場の札所では祀られることの多い仏だ
右／知多西国三十三観音霊場の第14番札所・大善院（愛知県常滑市）の秘仏、本尊十一面観音菩薩。市指定文化財。毎年3月第2日曜日にご開帳
左／会津三十三観音の第30番札所、福島県美里町にある弘安寺に安置される十一面観音。別名、中田観音で、国重文に指定される

三十三応現身

法華経の普門品は観音菩薩の功徳を語り、別名「観音経」といわれる。そのなかで説かれるのが観音三十三応現身だ。33変化のなかで女性姿が多いが、他の仏より女人救済を高らかに歌い上げたことが、観音人気の大きな理由でもあった。なお変化しない姿として聖観音、変化観音として千手観音、十一面観音ほかがつくられるが、この変化観音の形状と、観音経が語る三十三応現身は対応していない。

1	仏身
2	辟支仏身
3	声聞身
4	梵王身
5	帝釈身
6	自在天身
7	大自在天身
8	天大将軍身
9	毘沙門身
10	小王身
11	長者身
12	居士身
13	宰官身
14	婆羅門身
15	比丘身
16	比丘尼身
17	優婆塞身
18	優婆夷身
19	長者婦女身
20	居士婦女身
21	宰官婦女身
22	婆羅門婦女身
23	童男身
24	童女身
25	天身
26	龍身
27	夜叉身
28	乾闥婆身
29	阿修羅身
30	迦楼羅身
31	緊那羅身
32	摩喉羅迦身
33	執金剛身

弘法大師信仰の霊場

「同行二人」の心で大師の偉業をしのび真摯な態度で八十八ヶ所の札所をめぐる

真言宗開祖への信仰が核だが宗派を超えた祈りが根底にある

四国八十八ヶ所巡礼は、真言宗の開祖弘法大師空海ゆかりの霊場である。八十八ヶ所、四国霊場、四国遍路などとも呼ばれ、年間13万人が巡礼に訪れる。そのうち歩き遍路が5000人もいるというからすごい。

八十八ヶ所で重んじられるのが「同行二人」の心がけだ。常に大師がそばで見守ってくれるというもので、大師と二人で旅することで、ふるまいに慎みや慈悲がにじみ出る。

宗旨に関わらず参加でき、札所も

北海道八十八ヶ所霊場、第13番札所・観音寺奥之院

九州八十八ヶ所百八霊場、第46番札所・峰浄寺

八十八ヶ所霊場の一例

- 北海道八十八ヶ所霊場
- 円山八十八ヶ所
- 御府内八十八ヶ所
- 豊島八十八ヶ所霊場
- 多摩八十八ヶ所霊場
- 相模国準四国八十八ヶ所
- 佐渡八十八ヶ所霊場
- 伊豆八十八ヶ所霊場
- 知多四国八十八ヶ所霊場
- 中濃八十八ヶ所霊場
- 広島新四国八十八ヶ所霊場
- 四国八十八ヶ所巡礼
- 新四国相馬霊場八十八ヶ所
- 因島八十八ヶ所霊場
- 小豆島八十八ヶ所霊場
- 神島八十八ヶ所霊場
- 秋穂八十八ヶ所
- 九州八十八ヶ所百八霊場
- 篠栗四国八十八ヶ所
- 諫江八十八ヶ所霊場
- 五島八十八ヶ所霊場

弘法大師信仰の霊場では、随所で大師の像が待ち受ける。修行によって自らを高めた、偉大な先人の足跡をしのんでめぐろう。写真は、四国八十八ヶ所巡礼、第51番札所・石手寺境内から見た日本一大きい弘法大師像

真言宗ばかりではない。天台宗や曹洞宗ほか宗派はさまざまだ。

四国八十八ヶ所のミニ版として各地に次々と霊場が開創された

全国に多数の八十八ヶ所霊場があるが、基本的には四国八十八ヶ所の写しである。江戸時代中期に庶民の間で四国遍路がブームとなり、それを受け、同形式の弘法大師信仰の霊場が各地に設けられていった。

四国は遠く、全長約1450キロの難路。ぜひ近場で手軽に巡拝したいというのが開創理由だった。なお、本家の四国を「本四国」とし、新しくできた八十八ヶ所を「新四国」、ないしは「地四国」と区別して呼ぶこともある。

新四国系はいずれも霊場が比較的コンパクトにまとまっていて、巡礼初心者には打ってつけといえる。

薬師如来信仰の霊場

人々を病の苦しみから救ってくれる薬師
比較的新しく開創された霊場が多い

薬師如来霊場の一例

薬師如来霊場の一例
関東九十一薬師霊場
武南十二薬師霊場
遠江四十九薬師霊場
中部四十九薬師霊場
東海四十九薬師霊場
西国四十九薬師霊場
京都十二薬師霊場
伊予十二薬師霊場
播州薬師霊場
出雲十大薬師霊場
中国四十九薬師霊場
九州四十九院薬師霊場

中国四十九薬師霊場、第19番札所・薬師寺

九州四十九院薬師霊場、第9番札所・長安寺の参道

現世利益の効験がある仏として日本人には馴染みの深い存在だ

左手の掌に薬壺を載せ、日光と月光の両菩薩を従えて祀られることの多い薬師如来は、奈良の薬師寺や比叡山延暦寺、山形の立石寺といった古刹では、本尊として祀られる。

薬師が立てた12の大願に、衆生の病苦を除いて安楽を与えるとあり、現世利益のありがたい仏として、飛鳥時代から信仰を集めてきた。

その薬師を安置する寺を結ぶ巡礼霊場は、観音霊場などに比べれば数は少ないが、日本各地に広がり、熱

九州四十九院薬師霊場、第1番札所・筑前國分寺の薬師如来像

心な巡礼者によって支えられている。新しく開かれた霊場が中心で、平成になって創建されたものもある。

国宝や重文級の薬師仏を訪ねる西国四十九薬師霊場も誕生した

薬師信仰の巡礼霊場は、49札所型と12札所型に大別できるだろう。

49札所型は病気平癒を祈念する際、薬師の経文を49回唱え、49の灯明を灯し49の旗を掲げるという儀礼にちなむ。一方12札所型は、薬師が立てた12の大願に基づく。

主な霊場としては長野、岐阜、愛知の各県を巡拝する中部四十九薬師。滋賀、奈良、三重、愛知、岐阜、静岡にまたがる東海四十九薬師も有名だ。平成元年創設と歴史は新しいが、薬師寺、延暦寺、室生寺、四天王寺といった著名寺をぐるりとまわる、西国四十九薬師も人気が高い。

不動明王信仰の霊場

霊験あらたかな不動尊信仰を核にして戦後になって巡礼霊場として形を整える

恐ろしい表情で参拝者を威圧 霊験ある仏尊として崇敬集める

お不動さんとして親しまれる不動明王（不動尊）は、密教の教主である大日如来の化身である。炎の光背を背負って剣を持ち、目を見開いた憤怒の表情でにらみ付けるのは、衆生を仏教に教化するためだ。

祈願成就の仏尊として、願いごとを書いた護摩木を仏前で焚いて供養する、護摩祈祷でも知られる。

成田山新勝寺、高幡不動、大山寺、瀧泉寺（目黒不動）ほか、関東には不動明王を主尊とする寺院は多い。

不動尊霊場の一例

- 北海道三十六不動尊霊場
- 東北三十六不動尊霊場
- 関東三十六不動霊場
- 北関東三十六不動尊霊場
- 東海三十六不動尊霊場
- 近畿三十六不動尊霊場
- 四国三十六不動霊場
- 九州三十六不動霊場

北海道三十六不動尊霊場、第23番札所・瀧泉寺の本堂

九州三十六不動霊場、第4番札所・文殊仙寺

東海三十六不動尊霊場、第12番札所・福生院不動堂

不動明王は平安初期、唐に渡った空海が日本に伝えた。左手に羂索（けんさく）という綱をもち、右手に剣が一般的な姿で、二童子（にどうじ）が脇侍として配されることもある

真言宗と天台宗の密教系寺院で祀られるが、禅宗や日蓮宗の寺にも尊像が安置され、幅広い信仰を受ける。

巡礼ブームの流れを受けて国内各地域で霊場が形成された

北海道、東北から、四国、九州まで――。日本の地域区分にそうように巡礼霊場がつくられている。

戦後、四国遍路や西国観音霊場で巻き起こった巡礼ブームを背景に、不動尊霊場を開創する機運が高まった。現在ある霊場はそれを受け、昭和から平成にかけて開かれたものだ。

新しいだけに、順路に観光名所を巧みに織り込んだものが少なくなく、レジャー的要素もふんだん。

36ケ所の札所めぐりが一般的スタイルで、36は基本的煩悩の数とする説。不動尊が率いる、36童子にちなむという説も挙げられている。

その他の巡礼霊場

七福神めぐりや十三仏、地蔵尊巡礼ほか多種多彩な札所めぐりが花盛り状態

七福神は行楽的な性格も強くお手軽さから巡拝する人は多い

観音霊場や弘法大師霊場と比べれば数は少ないが、全国にはさまざまなタイプの巡礼霊場が存在する。

十三仏霊場は初七日から三十三回忌まで、節目ごとに死者の守護をする13の仏尊を安置した札所をめぐっていく。自分の現世利益というよりは、死者供養がテーマの巡礼。

七福神めぐりは恵比寿天、大黒天、毘沙門天、弁財天、福禄寿、寿老人、布袋尊を祀るお寺や神社を訪ねる。1日でまわれる手軽さが受け、江戸

七福神

大黒天

破壊を司るインドのシヴァ神の化身。日本では神話の大国主と習合し、五穀豊穣や開運招福の神となった。大きな袋を背負うのが特徴。

弁財天

金運を招くありがたい神。諸芸上達や縁結びとしても信仰される。元来インドのヒンズー教の女神で、七福神のなかでは唯一の紅一点。

寿老人

中国の道教では、天の南極の位置で輝く星の化身として信仰する。日本では長寿の神として、江戸期に七福神の一神に組み入れられた。

恵比寿

商売繁盛や五穀豊穣、大漁を祈願。外来の神仏が多い七福神にあって、恵比寿だけが唯一日本の神。神話のヒルコ、事代主とする説も。

毘沙門天

安産や招福の神仏。本来は仏教の四天王の一仏で、北の方位を守護するのが役目。神仏習合のなかで神社でも祀るようになった。

福禄寿

中国からきた徳を招きよせるという神。中国道教の道士とされ、寿老人とは同一とする説もある。杖を手に、長い頭部の姿で描かれる。

布袋尊

中国に実在した僧で、夫婦円満や子宝の神として祀られる。大きなお腹を出した姿からはユーモアも漂い、布袋さんの名で親しまれる。

関西花の寺二十五カ所霊場、第1番札所・丹州観音寺の紫陽花と仁王門

時代に盛んになった。

鎌倉江ノ島七福神や大和七福神が有名で、全国にその数は多く、手軽な散策としても親しまれている。

国内にはさまざまな霊場があり思いがけない出会いも待つ

お地蔵さんこと地蔵菩薩を訪ねる巡礼霊場もある。鎌倉二十四ヶ所地蔵めぐりや、関東百八地蔵尊霊場、会津二十一地蔵巡礼、中国地蔵尊ほか、巡礼霊場の数こそ少ないが、熱心な巡礼者を迎えている。

やや趣が異なるものとしては、法然や親鸞、道元ら、宗派の開祖の足跡をたどる祖師巡礼もある。

また変わり種として、ぼけ封じ札所巡礼、十二支札所巡礼、花の寺巡礼、尼寺巡礼なども――。

全国に1400ヶ所もある札所めぐりの中身は、実に多種多彩だ。

巡礼若葉マークのための用語解説

打つ
札所をめぐることを指す。かつて巡礼者は仏との縁を深めるために、参拝したお堂の天井や柱に、木製や金属製の札を打ちつけた。それに由来する言葉として、いまでも使われている。いうまでもなく、現在この行為は禁止される。

発願(発心)
巡礼を思い立つこと。また最初の札所を参拝するときにも用いる。

結願(けちがん)
すべての札所をめぐり、最後の札所を参拝できたこと。

満願成就
札所めぐりが終了し、祈願が達成できた状態をいう。

順打ち
順番どおりに札所をめぐること。

逆打ち
数の多い番号の札所からめぐっていくこと。

乱れ打ち
札所番号にこだわらず巡拝をしていくことを指すが、どこの霊場も推奨はしていない。

通し打ち
すべての札所を一回の巡拝でまわり切ること。ただし大きな霊場では何十日もかかり、かなりの決意が求められる。

お接待
四国八十八ヶ所巡礼ならではで、地元の方がお茶やお菓子を巡礼者に出してもてなす行為を指す。

打ち抜け
前に参拝した札所からの道を通らずに、異なった道を使って次の札所にいくこと。特別こだわる必要はないという声も強い。

御影(みかげ)
お姿ともいう。本尊の姿を刻んだ朱印を、御影帳に押してもらう。札所めぐりでは秘仏の仏が少なくなく、直接参拝のかわりとして受けることも。

お礼参りとは?

霊場内のすべての札所をめぐった後、仏にそれを報告するため、霊場外の大寺院に参拝する習わしをいう。

西国三十三所なら長野の善光寺。また善光寺、比叡山延暦寺、高野山奥の院、東大寺の二月堂、大阪にある四天王寺の5寺のなかから、一つだけ選べばいいという説もある。

四国八十八ヶ所巡礼は高野山奥の院がお礼参りの寺とされ、坂東三十三観音では善光寺と長野県上田市の北向観音。秩父三十四ヶ所観音霊場は善光寺といわれている。

とはいえ、お礼参りは江戸時代にはじまったもので、現在においても厳密にルール化されているわけではない。秩父札所連合会では、そういった指導は特別にしていないと語り、お礼参りをするかどうかは、個人の判断で構わないようだ。

第2章

全国札所（巡礼）ガイド

巡礼コースは全国に1400以上も存在するといわれている。ここでは人気があり、問い合わせ先などが明確になっている43の巡礼地を紹介する。

北海道三十三観音霊場

ほっかいどうさんじゅうさんかんのんれいじょう

開創後、70年以上の時間を経て復活

北海道開拓者のために つくられた霊場めぐり

北海道三十三観音霊場は、徳島県出身の山本ラクによって大正2年（1913）に開創された巡礼コースだ。

徳島市で数件の割烹旅館を経営する資産家だった山本は、還暦を過ぎてから得度。善真という名を授かる。そして、北海道開拓のために入植した人たちの精神的よりどころとするため、全財産を投じて西国三十三観音の各本尊を模した三十三観音像をつくらせて北海道全域に散らばる寺院に奉納。この巡礼コースを整備した。開拓者だけでなく、将来、内地からの巡礼者も予想して、第1番札所は当時の北海道の玄関口、函館の高野寺とした。

北海道ならではの自然の厳

高野寺（こうやじ）

北海道函館市住吉町12-23

第1番札所であり、霊場会事務局も置かれている。本尊は高野山金剛峯寺大日堂から下付されたという、木造大日如来坐像（重要文化財）。

真言寺（しんごんじ）

北海道稚内市中央5-11-21

日本最北の真言宗寺院で、最北大師と呼ばれる。本堂の本尊は大日如来だが、第27番札所の本尊として、講堂に如意輪観音が祀られている。

大正寺（たいしょうじ）

北海道室蘭市沢町2-6

結願所は室蘭港にも近い大正寺。参道には75段の石段があり、荘厳な雰囲気の本堂が巡礼者を迎える。本尊は十一面観音。

第7番札所・日光院。小樽市にあり、霊場の本尊は如意輪観音

第24番札所・弘道寺。本尊は十一面観音

右は第1番札所・高野寺で、如意輪観音、左は第2番札所・神山教会で、十一面観音の御朱印

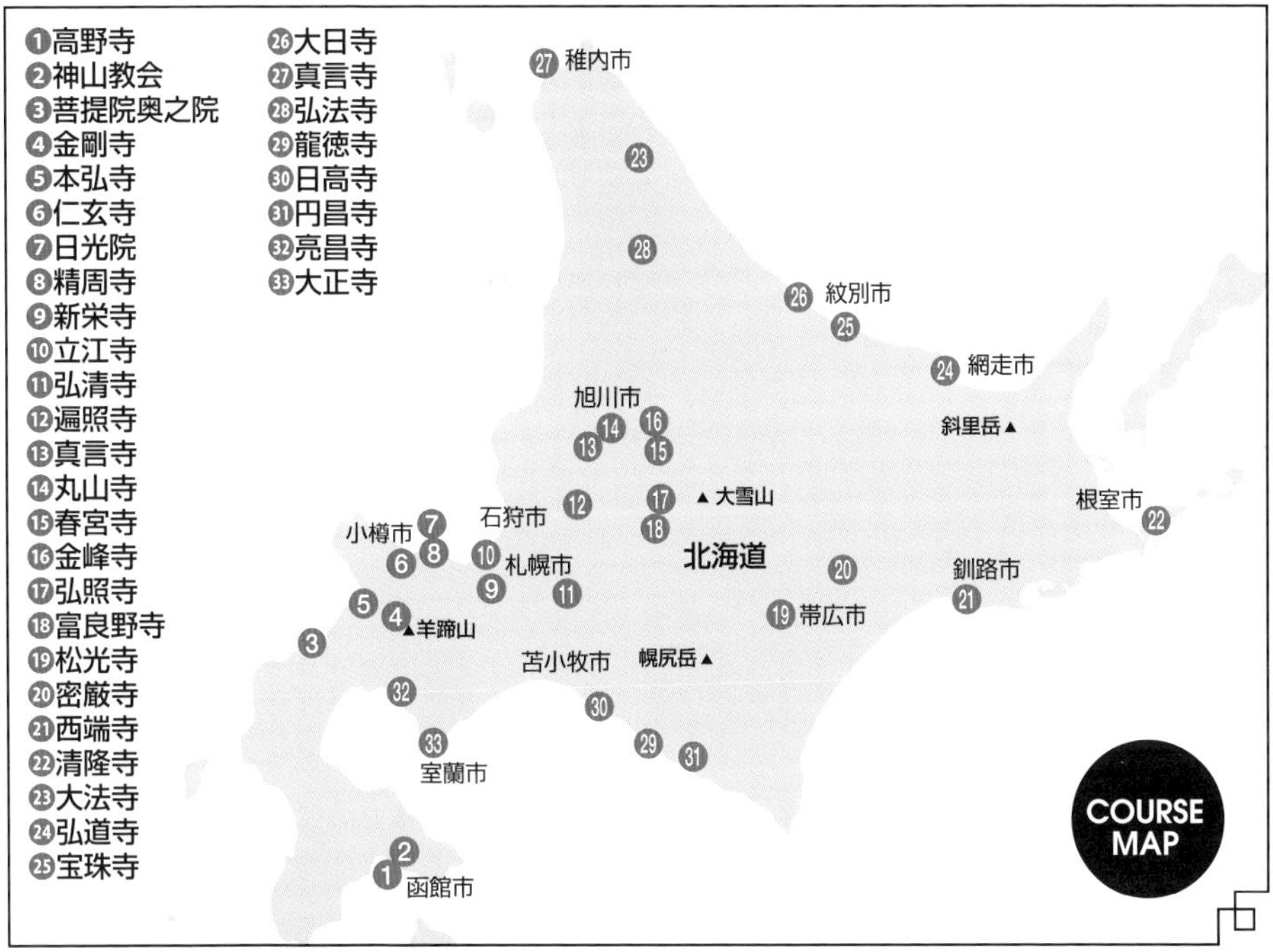

COURSE MAP

①高野寺
②神山教会
③菩提院奥之院
④金剛寺
⑤本弘寺
⑥仁玄寺
⑦日光院
⑧精周寺
⑨新栄寺
⑩立江寺
⑪弘清寺
⑫遍照寺
⑬真言寺
⑭丸山寺
⑮春宮寺
⑯金峰寺
⑰弘照寺
⑱富良野寺
⑲松光寺
⑳密厳寺
㉑西端寺
㉒清隆寺
㉓大法寺
㉔弘道寺
㉕宝珠寺
㉖大日寺
㉗真言寺
㉘弘法寺
㉙龍徳寺
㉚日高寺
㉛円昌寺
㉜亮昌寺
㉝大正寺

稚内市
紋別市
網走市
斜里岳
旭川市
大雪山
根室市
石狩市
小樽市
札幌市
北海道
釧路市
帯広市
羊蹄山
苫小牧市
幌尻岳
室蘭市
函館市

しさなどにより、このコースはしだいに忘れ去られてしまうが、昭和60年（1985）に改めて霊場会が発足。現在の北海道三十三観音霊場がよみがえることとなった。札所は函館、札幌、旭川、稚内、根室と、北海道を一周する形。すべて真言宗寺院で構成されている。

DATA

▶**コースガイド**
開創：大正2年（1913）
エリア：北海道全域
コース全長：約2300㎞
標準日程：車利用で1週間〜10日

【問い合わせ先】
北海道三十三観音霊場事務局（最北大師真言寺内）
北海道稚内市中央5-11-21　☎0162-23-4846
https://hokkaido33kannon.com

北海道三十六不動尊霊場

●ほっかいどうさんじゅうろくふどうそんれいじょう

雄大な自然と美しい景観につつまれた巡拝の旅

庶民の信仰を集める 北海道の不動尊めぐり

平成元年（1989）に開創された、北海道全域にまたがる不動尊霊場だ。

第1番札所は旭川市の眞久寺。京都六角堂と同型の六角堂があり、ご分身の如意輪観音が安置されている。ここをスタートに9番・大法寺まで広がる札所は発心の道場とされ、北部の旭川、留萌、名寄周辺に点在している。10番・景勝寺～20番・金剛寺は修行の道場で、北見、網走、釧路、帯広周辺といった東部に広く点在、21番・夕張寺～28番・函館寺は苫小牧、登別、函館周辺にあり、菩提の道場とされている。29番・龍照寺～36番・新栄寺は涅槃の道場とされ、小樽、札幌周辺の寺院だ。他の北海道の巡礼コース同

第23番札所

瀧泉寺（りゅうせんじ）

北海道登別市中登別町220-5

登別温泉に近く、巡礼の旅の疲れを癒すには最適の地。北海道では珍しく宿坊を有していたが、現在は閉鎖されている。

第1番札所

眞久寺（しんきゅうじ）

北海道旭川市5条通4

明治25年（1892）創建。本尊は不動明王。日本のみならず、世界でも初めてという「立体両部曼荼羅」が奉安されている。

第36番札所

新栄寺（しんえいじ）

北海道札幌市中央区南七条西3-2

結願所は札幌の中心部にある新栄寺。大本山成田山新勝寺から本尊不動明王の分身を勧請して、明治18年（1885）開創された。

納経帳とパンフレット。
詳しい内容はホームページで確認できる

瀧泉寺の本尊は不動明王

右は第7番札所・法弘寺で「北向不動尊」、左は第23番札所・瀧泉寺で「湯の郷不動尊」御朱印

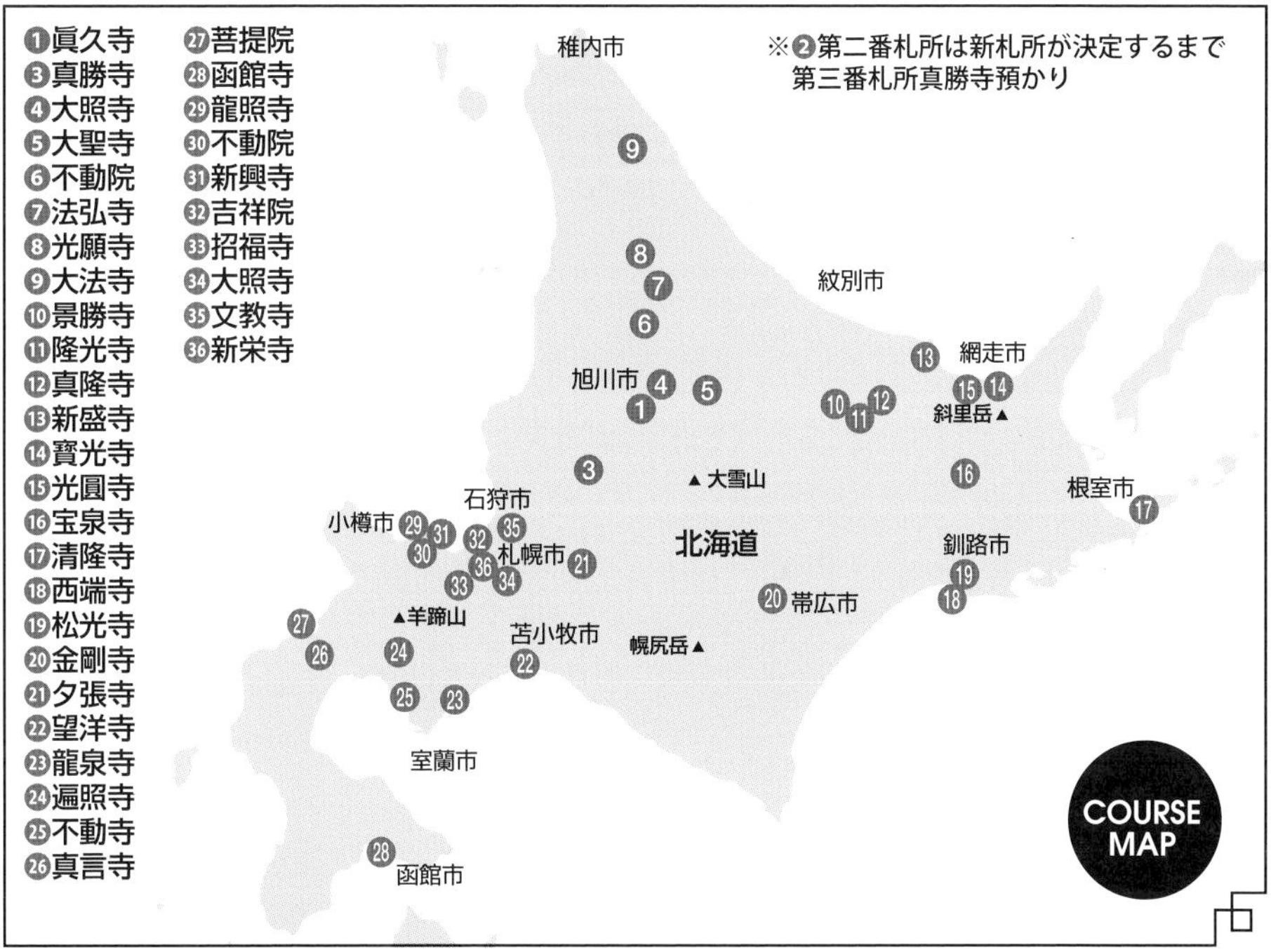

COURSE MAP

❶眞久寺
❸真勝寺
❹大照寺
❺大聖寺
❻不動院
❼法弘寺
❽光願寺
❾大法寺
❿景勝寺
⓫隆光寺
⓬真隆寺
⓭新盛寺
⓮寳光寺
⓯光圓寺
⓰宝泉寺
⓱清隆寺
⓲西端寺
⓳松光寺
⓴金剛寺
㉑夕張寺
㉒望洋寺
㉓龍泉寺
㉔遍照寺
㉕不動寺
㉖真言寺
㉗菩提院
㉘函館寺
㉙龍照寺
㉚不動院
㉛新興寺
㉜吉祥院
㉝招福寺
㉞大照寺
㉟文教寺
㊱新栄寺

※❷第二番札所は新札所が決定するまで第三番札所真勝寺預かり

稚内市 紋別市 網走市 斜里岳 旭川市 大雪山 根室市 石狩市 小樽市 札幌市 北海道 釧路市 羊蹄山 帯広市 苫小牧市 幌尻岳 室蘭市 函館市

様、札所間の距離が長く、全長はおよそ2200キロといわれている。北海道の雄大な自然を背景に、自家用車を使って8泊9日が標準的なスケジュール。しかし、できるだけ時間的な余裕をもって臨みたい。また、いかに車での巡拝といえども冬場の巡礼は避けたほうがいいだろう。

DATA

▶コースガイド

開創：平成元年（1989）
エリア：北海道全域　コース全長：約2200km
標準日程：車利用で8泊9日、もしくは2泊3日を4回

【問い合わせ先】

北海道三十六不動尊霊場会事務局（松光寺内）
北海道釧路市中島町7-5　☎0154-24-4349
http://www.36fudou.jp/

北海道八十八ヶ所霊場

●ほっかいどうはちじゅうはちかしょれいじょう

北海道の仏教人の長年の夢が結実

全長約3000キロ。四国の2倍のスケール

北海道でも四国八十八ヶ所巡礼や西国三十三観音などの霊場巡拝をしたいという多くの人の願いが実を結び、平成18年（2006）、ようやく整備されたのが北海道八十八ヶ所霊場だ。

霊場巡拝の希望はこれまで、北海道の自然環境、道路事情などによって長い間実現できなかった。しかし、近年の道路網の整備、自動車や通信技術の進歩などにより、ようやく悲願が達成された。

北海道八十八ヶ所霊場は、発心の道場（旭川・深川周辺）、修行の道場（名寄・紋別・網走周辺）、菩提の道場（帯広・小樽・函館周辺）、涅槃の道場（札幌・岩見沢周辺）という4つの道場に分けられてい

眞久寺（しんきゅうじ）

北海道旭川市5条通4

北海道三十六不動尊霊場の第1番札所でもある。霊場本尊は阿弥陀如来。仁王門にある檜の一木造りの仁王像も必見。

眞弘寺（しんこうじ）

北海道当麻町5条西3丁目15-1

明治36年（1903）、徳島県出身の阿部眞道が本山より授かった弘法大師を本尊に開創。霊場本尊は薬師如来。

福王寺（ふくおうじ）

北海道津別町字柏町10

網走川の源流、阿寒国立公園に隣接する木のまち、津別町にある。34・35番の2体の薬師如来が安置されている。

第66番札所・明王寺から札幌市内をバックに記念撮影するお遍路さん

1. 眞久寺
2. 眞久寺六角堂
3. 旭山廟
4. 春光の丘寺
5. 真勝寺
6. 大照寺
7. 光元院
8. 観音寺
9. 弘徳寺
10. 丸山寺
11. 金剛寺
12. 郷芳寺
13. 観音寺奥之院
14. 観音寺
15. 真如院
16. 教信寺
17. 法弘寺
18. 弘法寺
19. 光願寺
20. 実心寺
21. 大阿寺
22. 不動院
23. 眞弘寺
24. 眞弘寺大師堂
25. 大照寺
26. 大聖寺
27. 法弘寺遍照閣
28. 実心寺観音堂
29. 真言寺
30. 宝珠寺
31. 景勝寺
32. 弘法寺
33. 佛光堂
34. 福王寺
35. 福王寺北見別院薬師堂
36. 波切不動寺
37. 善照寺
38. 泉福寺
39. 高野寺
40. 密厳寺
41. 鹿追寺
42. 照覺寺
43. 弘真寺
44. 新正寺
45. 真隆寺
46. 高野寺
47. 金剛閣
48. 高野山寺
49. 地蔵寺
50. 妙龍寺
51. 望洋寺
52. 瀧泉寺
53. 千光寺
54. 清瀧寺
55. 金剛院壮栄寺
56. 不動寺
57. 大宝寺
58. 阿吽寺
59. 遍照寺
60. 孝徳寺
61. 仁玄寺
62. 密厳寺
63. 不動院
64. 善導院
65. 精周寺
66. 明王寺
67. 密修寺
68. 招福寺
69. 淨徳寺
70. 弘法寺奥之院
71. 吉祥院
72. 弘聖院
73. 密修寺観音堂
74. 吉祥院
75. 八葉峰寺
76. 雷音寺
77. 覺良寺
78. 長高寺
79. 弘仙寺
80. 大心寺
81. 高徳寺
82. 龍光寺
83. 孝恩寺
84. 観照寺
85. 観霊院
86. 真如院 札幌別院
87. 大照寺法楽堂
88. 大照寺

納経帳と御朱印

御朱印は眞弘寺のもの。納経帳は事務局から、電話やメールで購入できる

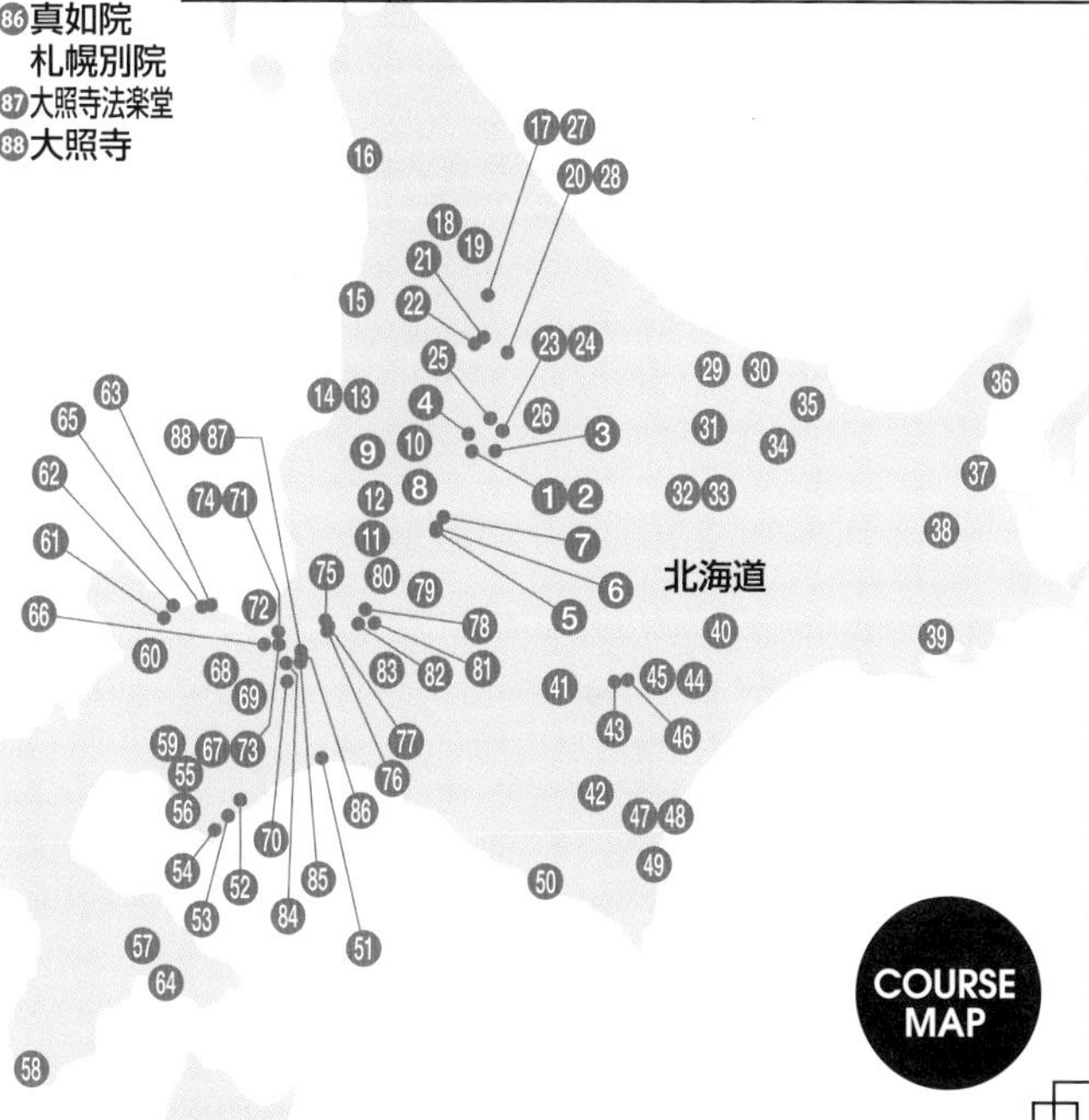

る。八十八の霊場本尊は、運慶・快慶以来続く慶派の流派を日本で唯一継承する京都の大仏師、松本明慶師が製作した。全長は約3000キロというから、四国の2倍以上。

開場期間は5月1日～10月31日まで。冬期間は事故防止のため閉場される。

DATA

▶コースガイド
開創：平成18年（2006）
エリア：北海道全域　　コース全長：約3000㎞
標準日程：車利用で約2週間、
もしくは4泊5日を3回

【問い合わせ先】
北海道八十八ヶ所霊場会事務局
北海道札幌市西区平和0264　☎011-663-0882
http://www.88reijyokai.com/

奥州三十三観音霊場

●おうしゅうさんじゅうさんかんのんれいじょう

古い歴史をもつ東北の素朴な巡礼

巡礼を重ねるほどに寿命が延長していく

奥州三十三観音霊場は、旧陸奥国内（現在の青森県・岩手県・宮城県・福島県）にある33ヶ寺をめぐる観音霊場だ。開創は保安4年（1123）と伝えられる。奥州名取（現在の名取市）の神子の老女「旭」が、祈祷すれば鳥羽帝の病気が平癒するという夢のお告げを受け、熊野三社権現を名取に移した。ここを札はじめとして、三十三ヶ所の観音霊場を定めたといわれている。

以来、衰退と再興、札所の再編成などを経て、現在は福島3ヶ寺、宮城18ヶ寺、岩手12ヶ寺で構成。いずれも古い寺歴を持つ寺院ばかりだ。開創の旭は、奥州巡礼一度の者には3年、二度の者には6年、そして三度の者には10

紹楽寺（しょうがくじ）
宮城県名取市高舘吉田字真坂17
第1〜3番まではかつての熊野三社別棟寺。この寺から観音堂へは、登山口まで行ってさらに1.2キロほど山道を登る。

天王寺（てんのうじ）
福島県福島市飯坂町天王寺11
奥州三湯の一つに数えられる飯坂温泉の近く。石段を上った上にある観音堂には、霊場の本尊として聖観音が安置されている。

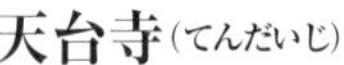

天台寺（てんだいじ）
岩手県二戸市浄法寺町御山33
かつて瀬戸内寂聴師が住職を勤め（現名誉住職）、全国から大勢の参拝者が集まる。観音堂には、桂の大木に刻まれた聖観音が安置される。

第2番札所・秀麓斎の山門

御朱印

右は第2番札所・秀麗斎のもので「利勝観音」、下は第18番札所・六角堂の「如意輪観音」の文字

COURSE MAP

秋田　岩手　宮城　福島　太平洋

1. 紹楽寺
2. 秀麗斎
3. 金剛寺観音堂
4. 斗蔵寺
5. 名取千手観音堂
6. 瑞巌寺
7. 大仰寺
8. 梅渓寺
9. 箟峯寺
10. 興福寺
11. 天王寺
12. 観音寺
13. 大聖寺
14. 大慈寺
15. 華足寺
16. 清水寺
17. 大祥寺
18. 道慶寺六角堂
19. 新山観音堂
20. 徳寿院
21. 観音寺
22. 勝大寺
23. 長承寺
24. 長谷寺
25. 黒石寺
26. 長泉寺
27. 観福寺
28. 蛸浦観音
29. 普門寺
30. 補陀寺
31. 聖福寺
32. 正覚院
33. 天台寺

特 中尊寺
特 毛越寺

第2番札所・秀麗斎の本堂。本尊の利勝観音の他、1000体の地蔵菩薩も安置される

年の寿命延長のご加護を得られるよう観音様に祈願したと伝えられている。巡礼すればするほど体が丈夫になり、長寿をまっとうできる札所めぐりというわけだ。

東日本大震災で被害に遭った人たちの御霊にも触れながら、素朴な東北の巡礼を楽しみたい。

DATA

▶**コースガイド**

開創：保安4年（1123）
エリア：青森県・岩手県・宮城県・福島県
コース全長：未発表
標準日程：車利用で4泊5日

【問い合わせ先】
奥州札所連合会事務所（秀麗斎内）
宮城県名取市高舘吉田字上鹿野東88
☎022-384-7270

最上三十三観音札所

もがみさんじゅうさんかんのんふだしょ

素朴で風光明媚な最上川沿いを歩く旅

第5番札所

唐松観音（からまつかんのん）

山形県山形市釈迦堂7

護国寺にある唐松観音は、山形県内唯一の懸崖造りとして有名な建物。本尊は聖観音で、弘法大師の作と伝えられている。

若松観音（わかまつかんのん）

山形県天童市山元2205-1

平成20年（2008）、開山1300年を迎えた。多くの人に親しまれている若松観音は、縁結び観音としても知られる聖観音。

庭月観音（にわつきかんのん）

山形県鮭川村庭月2829

本尊は聖観音。第32番札所から打ち止めの月蔵院までは約43キロで、最上札所の中では最も長い距離。最後の難関といえる。送り盆の灯ろう流しが有名。

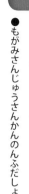

芭蕉が詠んだ景色を堪能しながらの巡礼

「めでためでたの若松さまよ」と歌われる花笠音頭で知られる第1番札所・若松観音から打ちはじめ、「閑さや岩にしみ入る蝉の声」の松尾芭蕉の句で有名な第2番札所・山寺観音へと続く。東北の素朴な景色を堪能しながら、心癒される巡礼の旅ができる。

その開創は今からおよそ580年前の室町時代にさかのぼる。山形城主だった最上頼宗の娘、光姫の観音信仰伝説が伝えられている。古くから観音信仰が盛んだったことがうかがわれる。

各札所は、芭蕉が詠んだ「五月雨をあつめて早し最上川」の句で知られる最上川に沿って、南は山形県上山市から北は秋田県境に近い鮭川村

寒河江市の第16番札所・長岡観音は、十一面観音が本尊

まで広がる。いずれも風光明媚な土地で、加えて果物やそば、米などのおいしい食べ物、良質の温泉、素朴な人情とおもてなしなども、この巡礼コースの大きな魅力の一つとなっている。道路環境は整っているので、自家用車なら2泊3日ほど、歩いても約10日ほどだ。

御朱印

第13番札所・三河村観音（上）と第20番番札所・小松沢観音はともに聖観音が本尊。御朱印は観音のいる場所を意味する「大悲殿」

最上三十三観音霊場の御朱印帳

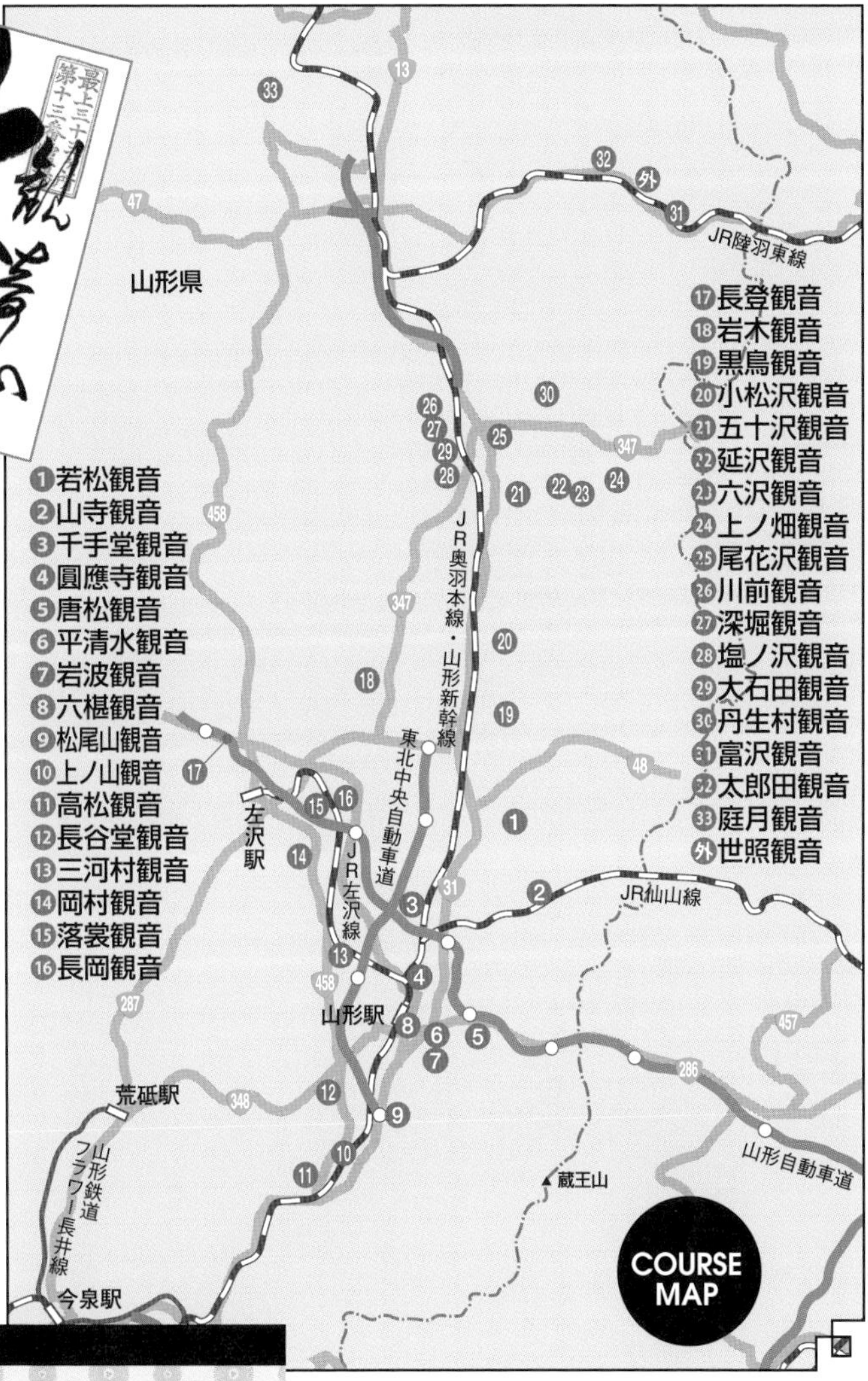

COURSE MAP

山形県

①若松観音
②山寺観音
③千手堂観音
④圓應寺観音
⑤唐松観音
⑥平清水観音
⑦岩波観音
⑧六椹観音
⑨松尾山観音
⑩上ノ山観音
⑪高松観音
⑫長谷堂観音
⑬三河村観音
⑭岡村観音
⑮落裳観音
⑯長岡観音
⑰長登観音
⑱岩木観音
⑲黒鳥観音
⑳小松沢観音
㉑五十沢観音
㉒延沢観音
㉓六沢観音
㉔上ノ畑観音
㉕尾花沢観音
㉖川前観音
㉗深堀観音
㉘塩ノ沢観音
㉙大石田観音
㉚丹生村観音
㉛富沢観音
㉜太郎田観音
㉝庭月観音
外 世照観音

JR陸羽東線
JR奥羽本線・山形新幹線
東北中央自動車道
JR左沢線
左沢駅
山形駅
JR仙山線
荒砥駅
山形鉄道フラワー長井線
今泉駅
蔵王山
山形自動車道

DATA

▶コースガイド
開創：室町時代　エリア：山形県最上川流域
コース全長：約360km
標準日程：車利用で2泊3日、徒歩で約10日間

【問い合わせ先】
最上三十三観音札所別当会
小松沢観音（青蓮山 清浄院）
山形県村山市楯岡馬場9-9　☎0237-55-6171
長登観音（寒江山 長登寺）
山形県西村山郡西川町睦合乙142　☎0237-74-3853
やまがた観光情報センター
山形県山形市城南町1-1-1 霞城セントラル内
☎023-647-2333
https://www.mogami33.com

観音霊場

会津三十三観音

あいづさんじゅうさんかんのんれいじょう

仏都・会津周辺に点在する素朴な札所めぐり

会津の素朴さを味わい豊かな気持ちで旅したい

福島県会津には平安前期の仏像が多数残り、古来より仏教の盛んな地域である。

ここ会津三十三観音は、江戸時代前期の寛永年間に開創されたと伝えられる。

当時、伊勢参りや西国三十三所巡礼が人気だったが、会津藩主となった保科正之（将軍家光の弟）が、資金や労働力の流出を防ぐため、領内に三十三観音を設けたという。

その後、観音めぐりは信仰を集めるとともに、農閑期の娯楽にもなっていった。特に女性の楽しみとして発展し、「観音講」として親しまれた。

現在、会津三十三観音は、番外3寺を加え、36寺で構成される。納経所が離れていたり、駐車場がなかったりもし

第31番札所

立木観音（たちきかんのん）

福島県河沼郡会津坂下町大字塔寺

本尊の千手観音は、国指定重要文化財。弘法大師が、一株の立木に彫りこんだとされ、会津ころり三観音の一つ。

第30番札所

中田観音（なかたかんのん）

福島県大沼郡会津美里町大字米田

会津ころり三観音の一つで、十一面観音が本尊。野口英世の母・シカが厚く信仰したことでも知られる。

番外札所

鳥追観音（とりおいかんのん）

福島県耶麻郡西会津町野沢

この世とあの世の願いが成就する「二世安楽結願所」として、古くから多くの参拝者が集う。本尊は聖観音。

第31番札所・立木観音。身丈2丈8尺（約8.5m）

御朱印

右は第30番札所・中田観音で「十一面観世音」、下は番外札所・鳥追観音で「鳥追正観音」の文字

弘安寺の中田観音像

てやや不便な点もあるが、「極上の会津プロジェクト協議会」が積極的に情報提供し、振興に努めているので以前より巡りやすくなった。訪れる際にはぜひアクセスしよう。

会津の豊かで純朴な自然を味わいながらの巡礼旅は格別だ。きっと一生忘れられない思い出になるだろう。

DATA

▶コースガイド
開創：寛永年間
エリア：会津地域
コース全長：未発表
標準日程：車利用で2泊3日

【問い合わせ先】
極上の会津プロジェクト協議会
☎0242-39-1251
https://aizu33.jp

観音霊場

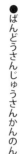

坂東三十三観音

●ばんどうさんじゅうさんかんのん

西国の札所めぐりを東国に写した歴史ある観音霊場

源頼朝の強い観音信仰が成立の大きなきっかけ

坂東三十三観音は、関東一円の1都6県に点在する歴史ある観音霊場だ。

平安時代末期に成立したとされる西国三十三観音は、全国各地の観音信仰に基づき、いろいろな地方でその「写し」が誕生していった。坂東三十三観音もその一つだ。

坂東三十三観音が成立したのは、鎌倉時代初期と考えられている。鎌倉幕府を開いた源頼朝は極めて熱心な観音信

安楽寺(あんらくじ)

埼玉県比企郡吉見町御所374

奈良時代、名僧行基が聖観音を安置したのが始まりとされ、平安時代に坂上田村麻呂が堂宇を建立したと伝えられている。

杉本寺(すぎもとでら)

神奈川県鎌倉市二階堂903

三体の十一面観音を本尊とする鎌倉最古の寺院。鎌倉時代の火災時、観音さまは自ら境内の大杉の下に逃げたと伝えられる。

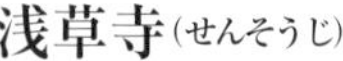

浅草寺(せんそうじ)

東京都台東区浅草2-3-1

東京都内で唯一の札所。本尊は隅田川で漁をしていた漁師の網にかかった聖観音とされ、開帳されることのない秘仏だ。

第11番札所・安楽寺本堂は江戸時代の建立

御朱印

上は第11番札所・安楽寺で「正観世音」、下は第13番札所・浅草寺で「聖観世音」の文字

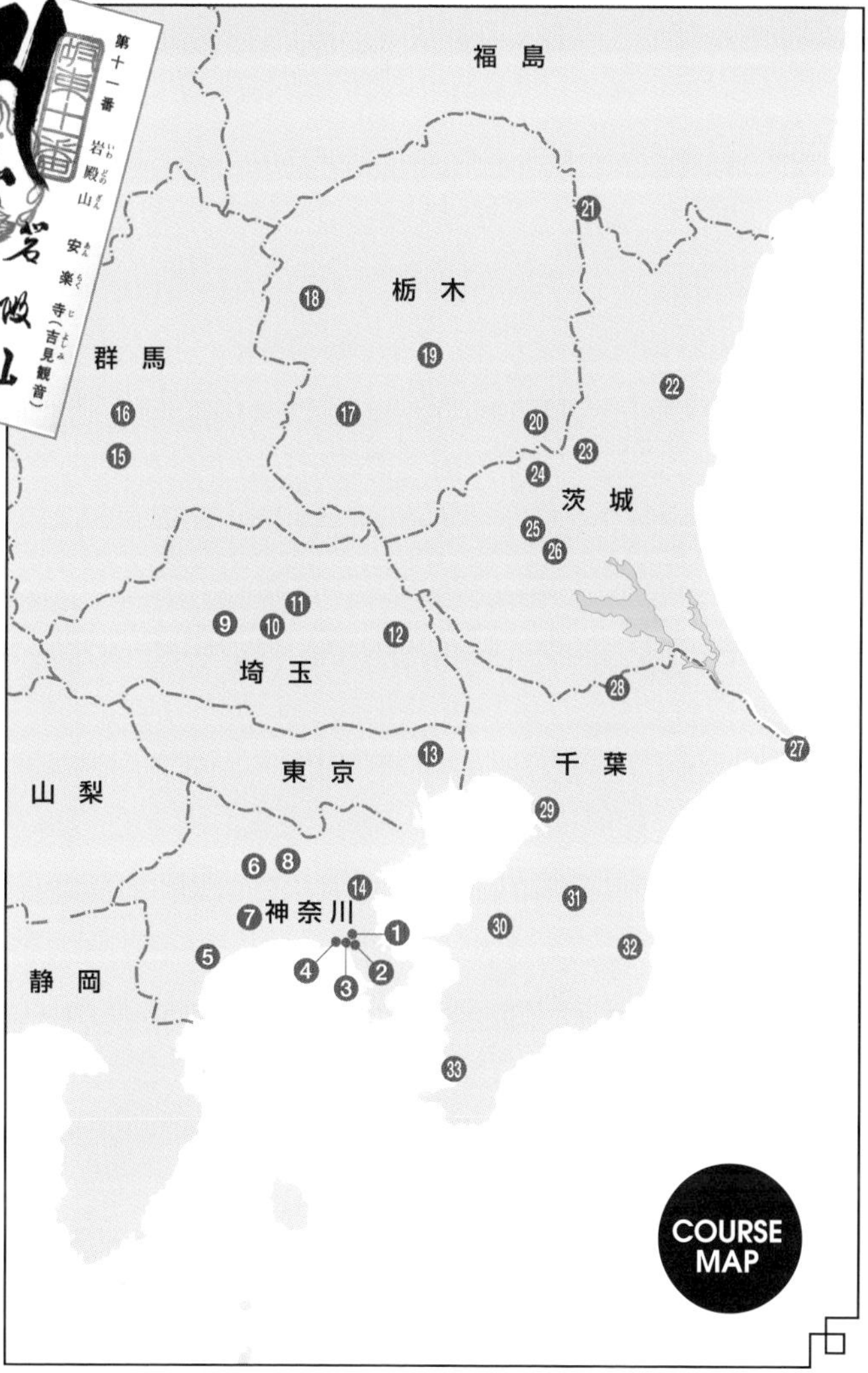

COURSE MAP

- ❶杉本寺
- ❷岩殿寺
- ❸安養院
- ❹長谷寺
- ❺勝福寺
- ❻長谷寺
- ❼光明寺
- ❽星谷寺
- ❾慈光寺
- ❿正法寺
- ⓫安楽寺
- ⓬慈恩寺
- ⓭浅草寺
- ⓮弘明寺
- ⓯長谷寺
- ⓰水澤寺
- ⓱満願寺
- ⓲中禅寺
- ⓳大谷寺
- ⓴西明寺
- ㉑日輪寺
- ㉒佐竹寺
- ㉓観世音寺
- ㉔楽法寺
- ㉕大御堂
- ㉖清瀧寺
- ㉗円福寺
- ㉘龍正院
- ㉙千葉寺
- ㉚高蔵寺
- ㉛笠森寺
- ㉜清水寺
- ㉝那古寺

者であったことはよく知られているが、これを支える東国の武士たちが西国を訪れた折に観音札所めぐりに触れ、これが東国でも同じような霊場が開かれることにつながった。三代実朝の時代には、33の札所が定められたとされている。

鎌倉幕府のお膝元の杉本寺で打ちはじめ、関東一円をぐるりとめぐり、東京湾を挟んだ対岸の那古寺（千葉県）で結願となる。こう考えるとこの巡礼は、関東一帯に鎌倉幕府の力が大きく影響し、成立していたことがよくわかる。

坂東三十三観音納経帳

第16番札所・水澤寺の六角堂。江戸時代に建立された地蔵尊信仰の代表的建築物

本家西国よりも長い旅 自分流の楽しみ方で挑戦

坂東三十三観音、西国三十三観音、そして秩父三十四観音霊場と合わせて百観音札所めぐりが行われるようになったのは室町時代末期のようだ。江戸時代になると巡礼は一般庶民にも浸透し、坂東は西国なみに多くの巡拝者で賑わうようになっていったという。

その後、明治維新後の廃仏毀釈や太平洋戦争の混乱で一時的に衰退したが、いままた、心の豊かさを求めて多くの人がこの巡礼に参加している。

さまざまな時代の変遷を乗り越えてきた札所めぐりだが、札所番付は開創当時から全く変わっていない。これも坂東の大きな特徴かもしれない。

坂東三十三観音の全行程は約1300キロ。北海道のそれには及ばないものの、本家、西国よりも長い旅となる。

水澤寺（みずさわでら）

群馬県渋川市伊香保町水沢214

日本三大うどんに数えられる水沢うどんの産地。1300年以上の歴史を持つ天台宗寺院。徳川家の祈願寺としても名を馳せた。

中禅寺（ちゅうぜんじ）

栃木県日光市中禅寺歌ケ浜2578

日光開山の勝道上人が創建した寺で、世界遺産に登録された輪王寺の別院。本尊は桂の立木を彫った千手観音で、立木観音と呼ばれる。

那古寺（なごじ）

千葉県館山市那古1125

結願の札所。本尊は千手観音。名僧行基が元正天皇の病気平癒を祈って観音さまを安置、その後天皇の勅命で建てられたと伝えられる。

御朱印

右から第18番札所・中禅寺の「立木大悲殿」、第33番札所・那古寺の「大悲殿」、第16番札所・水澤寺の「大悲閣」

第18番札所・中禅寺五大堂から中禅寺湖を望む。五大堂には、不動明王など五大明王が安置される

そのため、めぐり方は古くから自由度が高い。札所の順番にこだわることもないし、一気にすべてをめぐる必要もない。日帰りや1～2泊の旅を数回重ねたり、地域ごとの札所をまとめてめぐったりするなど、自分の都合や生活スタイルに合わせた巡礼をするのがいいだろう。

DATA

▶コースガイド
開創：鎌倉時代
エリア：神奈川県、埼玉県、東京都、群馬県、栃木県、茨城県、千葉県
コース全長：約1300km
標準日程：電車とバス利用で約12日間

【問い合わせ先】
坂東札所霊場会事務所（浅草寺内）
東京都台東区浅草2-3-1　☎03-3842-0181
http://www.bandou.gr.jp/

関東三十六不動霊場

●かんとうさんじゅうろくふどうれいじょう

有名寺院が多く、日本屈指の不動尊巡礼

交通の便もよく入門者にも最適

関東周辺は、古くから不動尊信仰の篤い地域。しかし、関東三十六不動霊場が開創されたのは昭和61年（1986）と比較的最近のこと。エリアは関東地方の1都3県にまたがっている。神奈川県7ヶ寺が発心の道場、東京都19ヶ寺が修行の道場、埼玉県5ヶ寺が菩提の道場、千葉県5ヶ寺が涅槃の道場とされている。

関東三十六不動霊場の中には関東三不動（大山不動、高幡不動、成田不動）や真言宗智山派の関東三山（成田山新勝寺、川崎大師平間寺、高尾山薬王院）などが含まれている。年間を通じて多くの参拝者が訪れる有名寺院が多く、日本でも屈指の巡礼コースといえそうだ。

大山不動尊（おおやまふどうそん）

神奈川県伊勢原市大山724

江戸時代、徳川家光から強く信仰されたことでも知られる大山寺。本尊の大山不動は、迫力ある威圧感と重量感で眼を見張るほど。

第8番札所

飯縄大権現（いづなだいごんげん）

東京都八王子市高尾町2177

江戸時代から信仰の霊山として人気があった高尾山。標高600メートルの山中に、山岳信仰の飯縄大権現を祀る薬王院がある。

成田不動尊（なりたふどうそん）

千葉県成田市成田1-1

打ち止めは不動尊信仰の大本山である成田山新勝寺。弘法大師自らが祈りながら彫り、開眼した成田不動が本尊だ。

第7番札所・川崎大師（不動堂）

第31番札所・喜多向厄除不動尊（岩槻大師）

御朱印

右は第20番札所・深川不動尊、左は第36番札所・成田不動尊で「不動明王」の文字

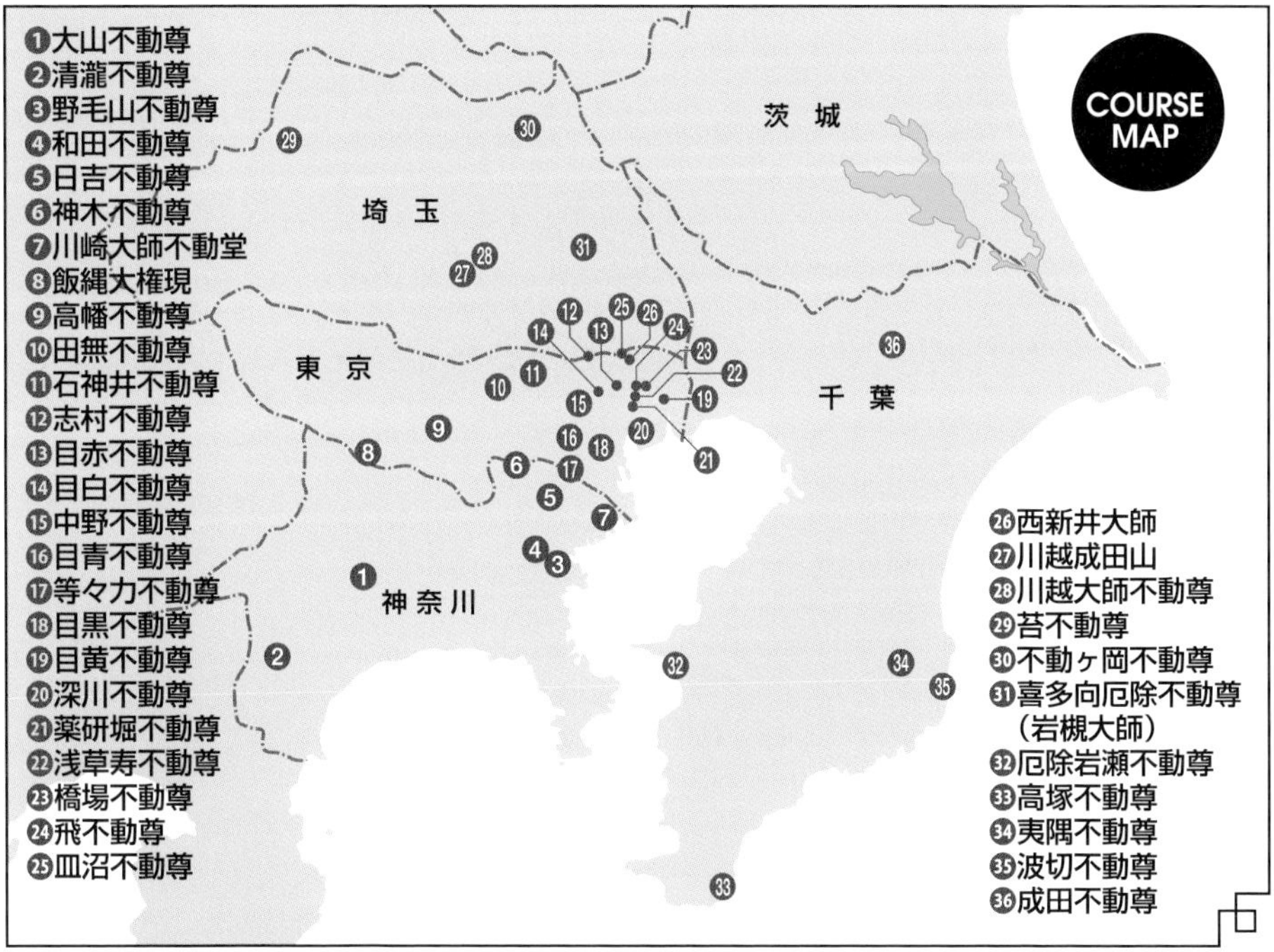

COURSE MAP

茨城
埼玉
東京
千葉
神奈川

❶大山不動尊
❷清瀧不動尊
❸野毛山不動尊
❹和田不動尊
❺日吉不動尊
❻神木不動尊
❼川崎大師不動堂
❽飯縄大権現
❾高幡不動尊
❿田無不動尊
⓫石神井不動尊
⓬志村不動尊
⓭目赤不動尊
⓮目白不動尊
⓯中野不動尊
⓰目青不動尊
⓱等々力不動尊
⓲目黒不動尊
⓳目黄不動尊
⓴深川不動尊
㉑薬研堀不動尊
㉒浅草寿不動尊
㉓橋場不動尊
㉔飛不動尊
㉕皿沼不動尊
㉖西新井大師
㉗川越成田山
㉘川越大師不動尊
㉙苔不動尊
㉚不動ヶ岡不動尊
㉛喜多向厄除不動尊（岩槻大師）
㉜厄除岩瀬不動尊
㉝高塚不動尊
㉞夷隅不動尊
㉟波切不動尊
㊱成田不動尊

公式サイトにはモデルコースも紹介されている。順番にとらわれず、1日3～4ヶ寺を巡って2週間ほど。交通事情がいいため、入門者でも安心して巡礼できるだろう。都内は電車で、郊外は車で移動するのが便利だ。結願を迎えた人には、希望により「結願証」が授与される（有料）。

DATA

▶コースガイド
開創：昭和61年（1986）
エリア：東京都、神奈川県、埼玉県、千葉県
コース全長：未発表
標準日程：車、または電車利用で約2週間

【問い合わせ先】
関東三十六不動霊場会事務局（岩槻大師内）
さいたま市岩槻区本町2-7-35　☎048-756-1037
http://tobifudo.jp/36fudo/

弘法大師霊場

関東の名刹をめぐり弘法大師の恵みにあやかる

関東八十八ケ所霊場

●かんとうはちじゅうはちかしょれいじょう

弘福院（こうふくいん）

千葉県袖ケ浦市長浦駅前3-8-2

古くは海上安全の仏さま「蔵波の波切り不動尊」と呼ばれ、地域の人々の信仰を集めていた。本堂内に本尊の不動明王などを安置する。

自性院（じしょういん）

茨城県坂東市馬立593-1

境内は巨木の森に包まれ、昼なお暗い参道を進むと、江戸時代建立の壮大な本堂がどっしりと腰をおろす。本尊は不動明王。

歓喜院（かんぎいん）

埼玉県熊谷市妻沼1511

結願は「妻沼の聖天さま」の愛称で親しまれる歓喜院。本堂までには三つの門があるなど、その伽藍（がらん）は堂々たるもの。

四国霊場の砂を勧請し関東1都6県に開創

関東八十八ヶ所霊場は、平成7年（1995）の開創。1都6県に点在する真言宗寺院88ヶ寺に、特別霊場7ヶ寺を加えて発足した。

四国八十八ヶ所巡礼は、弘法大師が道を求め、修行を重ねた霊跡。いまも大師の恵みにあやかろうと、多くの人がその足跡をめぐるが、いかに便がよくなった現代とはいえ、やはり関東から四国は遠い。そこで、大師ゆかりの四国霊場の砂を関東の88の名刹に勧請して開創されたのがこの霊場というわけだ。

第1番札所の慈眼院（高崎観音）で打ちはじめ、15番・常楽寺までが発心の道場で群馬県内の寺院。16番・鑁阿寺〜57番・真野寺までが修行の

右は第13番札所・教王寺で「如意輪観音」、左は第38番札所・新長谷寺で「十一面観音」の文字

1 慈眼院
2 不動寺
3 観音寺
4 光明寺
5 蓮華院
6 長明寺
7 南光寺
8 光榮寺
9 聖眼寺
10 観音院
11 十輪寺
12 吉祥寺
13 教王寺
14 観性寺
15 常楽寺
16 鑁阿寺
17 宝性寺
特 満願寺
18 長清寺
19 如意輪寺
20 慈眼寺
21 観音寺
22 東海寺
23 光明寺
24 生福寺
25 明星院
26 光照寺
27 馬頭院
28 安楽寺
29 芳賀観音
30 益子観音
31 大山寺
32 鏡徳寺
33 寳藏寺
34 慈眼寺
35 善應寺
36 阿弥陀院
特 楽法寺
37 大輪寺
38 新長谷寺
39 永光寺
40 自性院
41 無量寺
42 福永寺
43 明星院
44 神崎寺
45 観福寺
特 満願寺
46 勝覺寺
47 千葉寺
48 弘福院
49 新宿不動堂
50 圓鏡寺
51 不動院
52 久原寺
53 長泉寺
54 圓明院
55 円如寺
56 那古寺
57 真野寺
58 妙音寺
59 青蓮寺
60 大山寺
61 清徳寺
62 華蔵院
63 金剛院
64 千手院
65 福泉寺
66 林光寺
67 東漸寺
特 平間寺
特 東京別院
特 總持寺
68 安養寺
69 常性寺
70 井口院
71 阿弥陀寺
72 観音寺
73 圓照寺
74 圓通寺
75 安楽寺
76 錫杖寺
77 東陽寺
78 延命院
79 雨寶寺
80 南蔵院
81 正法院
82 金乗院
83 龍泉寺
84 正福寺
85 長善寺
特 西光寺
86 宥勝寺
87 華蔵寺
88 歓喜院

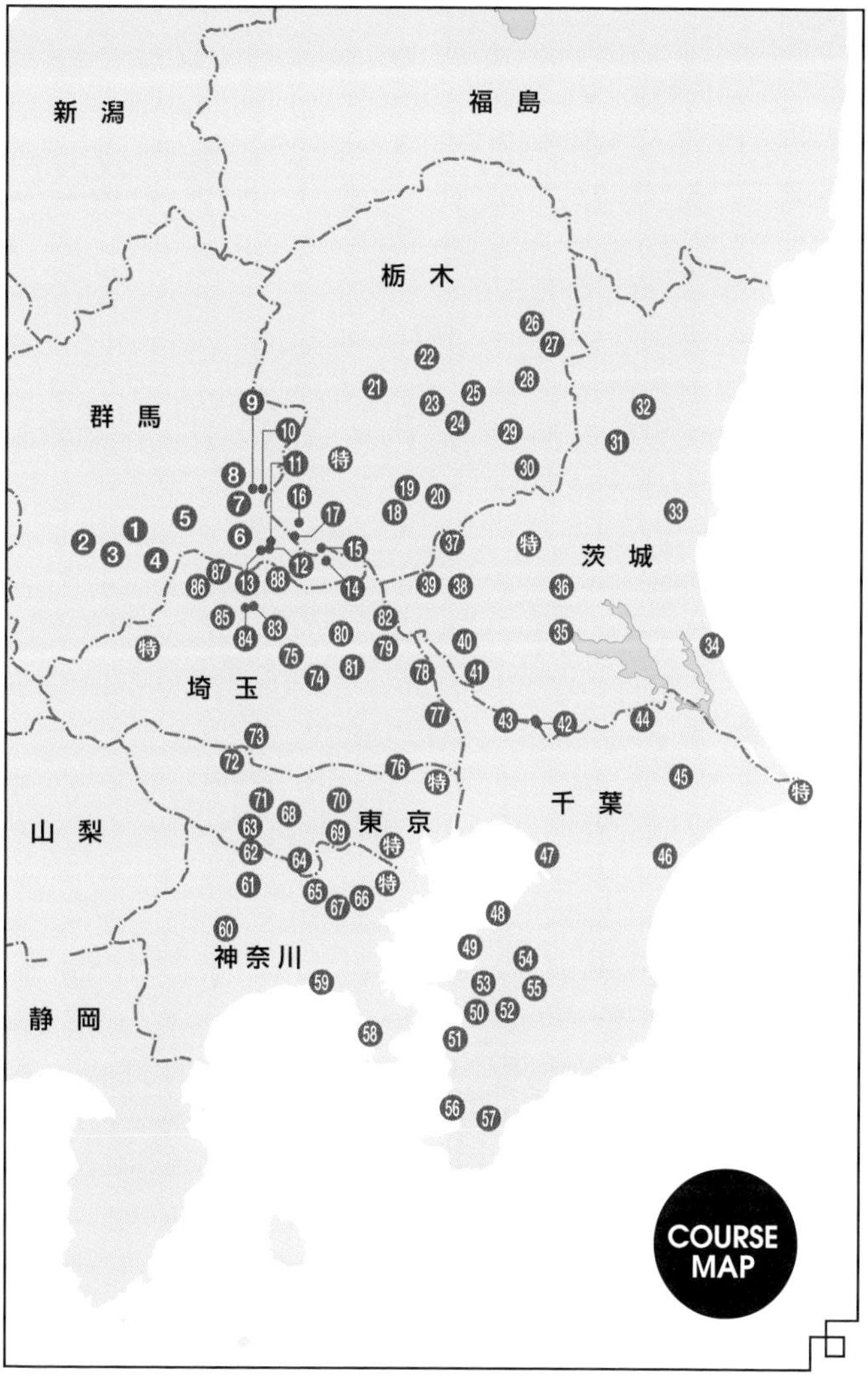

COURSE MAP

道場で、栃木、茨城、千葉と進む。58番・妙音寺〜72番・観音寺が遍路の道場で東京、神奈川。そして埼玉県の73番・圓照寺〜88番・歓喜院（妻沼の聖天さま）が涅槃の道場だ。

関東の名刹を訪れると同時に、大師の息吹に接することで安らぎを得ることができるだろう。

DATA

▶コースガイド
開創：平成7年（1995）　エリア：群馬県、栃木県、茨城県、千葉県、東京都、神奈川県、埼玉県
コース全長：約1500km
標準日程：車利用約で30日

【問い合わせ先】
関東八十八ヶ所霊場会　事務局（馬頭院内）
栃木県那珂川町馬頭188　☎0287-92-2603
https://www.kanto88.net

古きよき江戸情緒を満喫できる巡礼の旅

江戸三十三観音霊場

えどさんじゅうさんかんのんれいじょう

気軽に挑戦したい東京見物の新スタイル

江戸三十三観音霊場は、かつて「江戸」と呼ばれていた地域内、つまり現在の東京23区内に点在する観音霊場だ。その開創は江戸時代にさかのぼり、おおむね寛永18年（1641）から元禄11年（1703）の間と考えられている。

その後、廃寺となったり無住となったりと、時代の変遷とともに巡礼自体も消長を繰り返してきた。

現在行われているのは、昭和51年（1976）、往時の札所に山手線沿線の札所を加えるなど、巡礼しやすいように再編されたもの。これが〝昭和新撰〟江戸三十三観音霊場というわけだ。

打ちはじめとなる第1番札所は、観光客に人気の浅草寺。

浅草寺（せんそうじ）

東京都台東区浅草2-3-1

外国人観光客にも人気の都内最古の寺院。本尊は聖観音で、浅草観音あるいは浅草の観音さまと呼ばれ、広く親しまれている。

回向院（えこういん）

東京都墨田区両国2-8-10

大火や地震などで亡くなった、多くの無縁仏を祀る。かつては境内で大相撲が興行され、物故力士や年寄の霊を祀る「力塚」もある。

護国寺（ごこくじ）

東京都文京区大塚5-40-1

5代将軍徳川綱吉の母・桂昌院の願いを受けて建立。大隈重信、山縣有朋など、歴史上の著名人の墓所が多くあることでも知られる。

第13番札所・護国寺本堂

第4番札所・回向院の鼠小僧の墓

右は第21番札所・増上寺の「西向聖観世音」、左は結願寺・瀧泉寺の「聖観世音」の文字

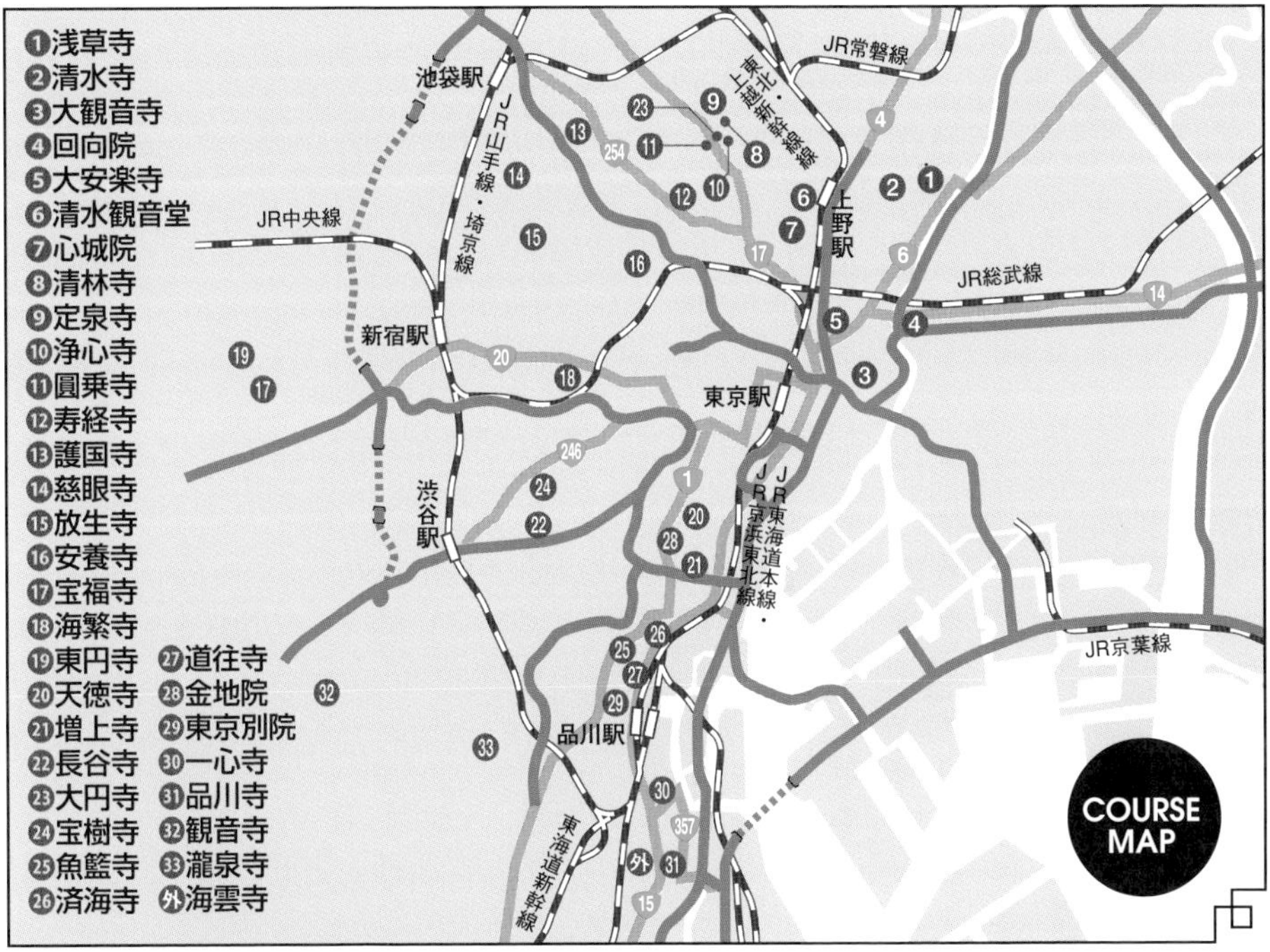

COURSE MAP

1 浅草寺
2 清水寺
3 大観音寺
4 回向院
5 大安楽寺
6 清水観音堂
7 心城院
8 清林寺
9 定泉寺
10 浄心寺
11 圓乗寺
12 寿経寺
13 護国寺
14 慈眼寺
15 放生寺
16 安養寺
17 宝福寺
18 海繁寺
19 東円寺
20 天徳寺
21 増上寺
22 長谷寺
23 大円寺
24 宝樹寺
25 魚籃寺
26 済海寺
27 道往寺
28 金地院
29 東京別院
30 一心寺
31 品川寺
32 観音寺
33 瀧泉寺
外 海雲寺

そこから13番・護国寺、21番・増上寺などの有名寺院を経て、33番・瀧泉寺で結願となる。番外札所・海雲寺を含め、全34ヶ寺の巡礼だ。

都心の巡礼だけに、交通の便がいい。かつての江戸情緒を味わえる巡礼で、東京見物の新しいスタイルともなり得る旅ができそうだ。

DATA

▶コースガイド
開創：江戸時代
エリア：東京都
コース全長：未発表
標準日程：電車利用で約2〜3日、徒歩で約1週間。

【問い合わせ先】
江戸三十三観音霊場事務局（護国寺内）
東京都文京区大塚5-40-1
☎03-3941-0764

武蔵野三十三観音霊場

●むさしのさんじゅうさんかんのんれいじょう

武蔵野の面影が残る雑木林を散策する巡礼

昭和初期に開創された比較的新しい霊場

東京の北西、武蔵野の面影が色濃く残る西武池袋線周辺に点在する霊場が武蔵野三十三観音霊場だ。

開創されたのは昭和15年（1940）と、比較的新しい霊場だ。郷土史家であり篤心（とくしん）であった柴田常恵師が発願し、寺々の住職が賛同。番外札所も含めて三十四の寺々が選定された。

しかし、時代は第二次世界大戦とそれに続く戦後の混乱期に突入。受け入れ態勢もなかなか整わず、多くの巡礼者を集めるには至らなかった。

人々の生活がようやく落ち着き始めた昭和30年代に入り巡礼者も増加。霊場側も戦争で荒廃した伽藍（がらん）を修復するなど、平穏を取り戻してきた。

武蔵野三十三観音霊場の魅

長命寺（ちょうめいじ）

東京都練馬区高野台3-10-3

高野山奥之院を模して寺域がつくられ、江戸時代から「東の高野」として庶民の信仰を集めた。本尊は十一面観音。

第17番札所

徳林寺（とくりんじ）

埼玉県狭山市入間川2-3-11

新田義貞が鎌倉攻めの合戦に向けてこの地に本陣を置いたことが寺建立のきっかけ。霊場本尊は聖観音で、総金箔押しの秘仏。

聖天院（しょうでんいん）

埼玉県日高市新堀990

山門前にある樹齢160年の彼岸桜をはじめ、庭園は草花にあふれ、四季折々の美しさを見せる。霊場本尊は聖観音。

第13番札所・金乗院日の出

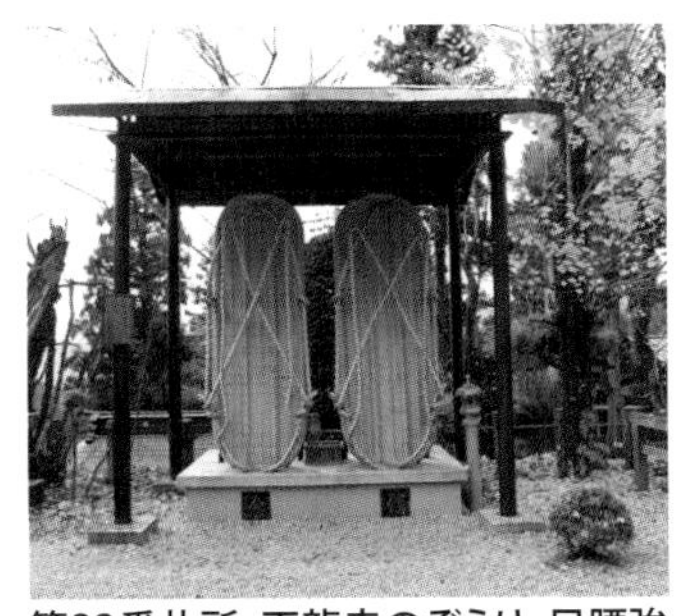

第32番札所・天龍寺のぞうり。足腰強健を願う人が多く参拝する

御朱印

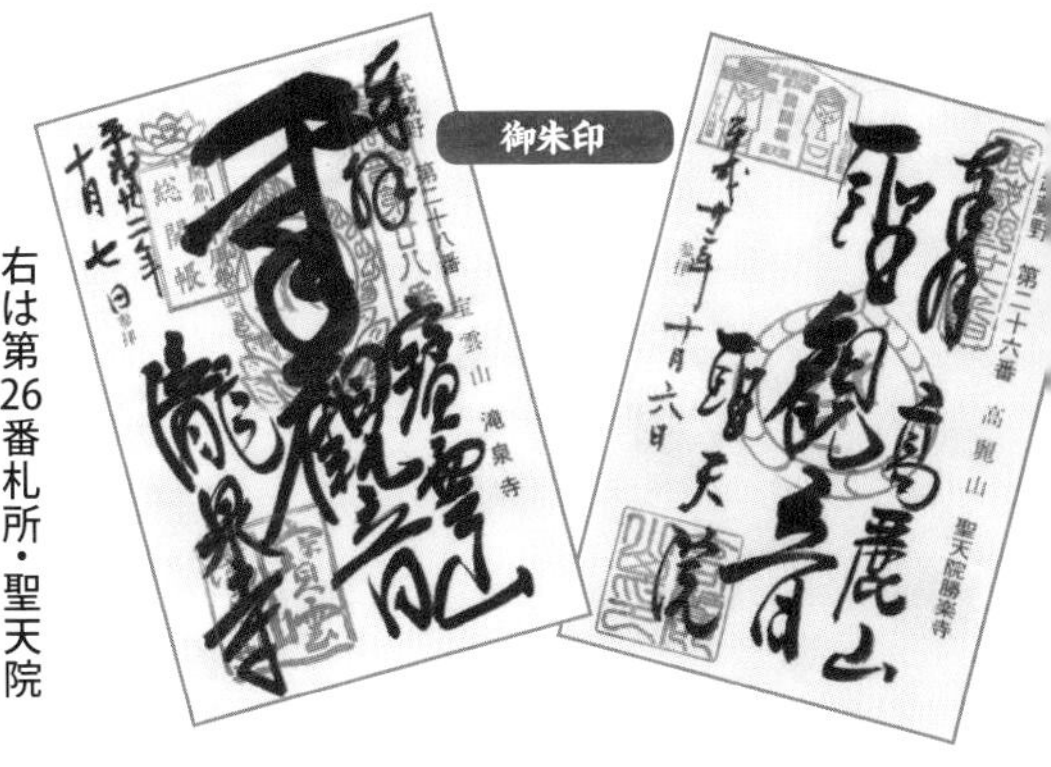

右は第26番札所・聖天院で、「聖観音」、左は第28番札所・龍泉寺で、「千手観音」の文字

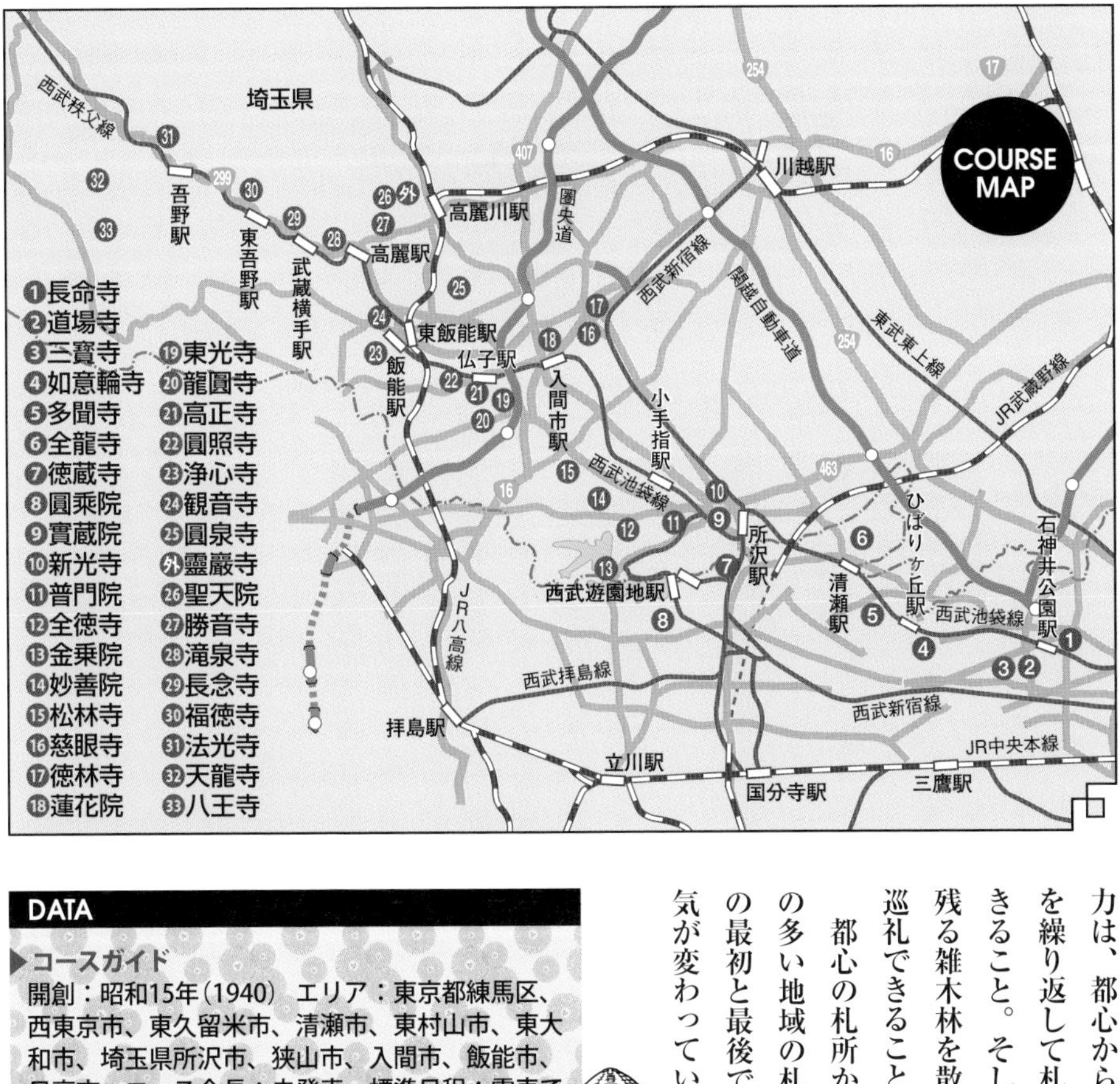

COURSE MAP
埼玉県
西武秩父線
吾野駅
東吾野駅
武蔵横手駅
高麗駅
高麗川駅
東飯能駅
飯能駅
仏子駅
入間市駅
圏央道
川越駅
西武新宿線
関越自動車道
東武東上線
JR武蔵野線
小手指駅
西武池袋線
所沢駅
西武遊園地駅
JR八高線
清瀬駅
ひばりヶ丘駅
石神井公園駅
西武池袋線
西武拝島線
拝島駅
西武新宿線
立川駅
JR中央本線
国分寺駅
三鷹駅
1長命寺
2道場寺
3三寳寺
4如意輪寺
5多聞寺
6全龍寺
7徳蔵寺
8圓乗院
9實蔵院
10新光寺
11普門院
12全徳寺
13金乗院
14妙善院
15松林寺
16慈眼寺
17徳林寺
18蓮花院
19東光寺
20龍圓寺
21高正寺
22圓照寺
23浄心寺
24観音寺
25圓泉寺
外靈巖寺
26聖天院
27勝音寺
28滝泉寺
29長念寺
30福徳寺
31法光寺
32天龍寺
33八王寺

力は、都心から近く、日帰りを繰り返して札所めぐりができること。そして、武蔵野に残る雑木林を散策する感覚で巡礼できることなどがある。

都心の札所から徐々に自然の多い地域の札所へと、巡礼の最初と最後では大きく雰囲気が変わっていくのも楽しい。

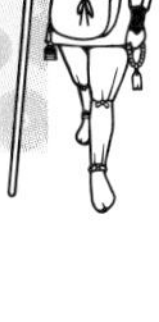

DATA

▶**コースガイド**

開創：昭和15年（1940） エリア：東京都練馬区、西東京市、東久留米市、清瀬市、東村山市、東大和市、埼玉県所沢市、狭山市、入間市、飯能市、日高市 コース全長：未発表 標準日程：電車で4日、車利用で2日

【問い合わせ先】

武蔵野三十三観音霊場会事務局（霊巌寺内）
埼玉県日高市新堀740 ☎042-989-0528
https://63433.jp

観音霊場

秩父三十四ヶ所観音霊場

ちちぶさんじゅうよんかんのんれいじょう

豊かな自然と素朴な風土に培われた観音信仰

西国、坂東と合わせて日本百観音を数える

都心から気軽に日帰りできる場所でありながら、豊かな自然と素朴な風土が色濃く残る秩父。その心癒される土地で、古くから篤く信仰されてきた観音霊場が秩父三十四ヶ所観音霊場だ。

伝説によれば、開創は鎌倉時代初期の文暦元年（1234）3月18日。性空上人をはじめとする13権者がこの地をめぐったのが最初とされている。長享2年（1488）の

第1番札所

四萬部寺（しまぶじ）

埼玉県秩父市栃谷418

本堂（観音堂）は、元禄10年（1697）建立の建造物で、埼玉県指定有形文化財。欄間にある地獄極楽の彫刻は必見だ。本尊は聖観音。

第3番札所

常泉寺（じょうせんじ）

埼玉県秩父市山田1392

野良道の先に本堂が見え、桜の季節には淡いピンクとの色のコントラストが美しい。本堂の軒にある龍の籠彫りは見事。本尊は聖観音。

第4番札所

金昌寺（きんしょうじ）

埼玉県秩父市山田1815-2

石仏の寺として知られ、秩父札所の中でも屈指の仁王門をくぐれば、寺内のそこかしこに1319余体もの石仏がある。本尊は十一面観音。

素朴な雰囲気を漂わせる第25番札所の久昌寺

❶四萬部寺 ❷真福寺 ❸常泉寺 ❹金昌寺 ❺語歌堂 ❻卜雲寺 ❼法長寺 ❽西善寺 ❾明智寺 ❿大慈寺 ⓫常楽寺 ⓬野坂寺 ⓭慈眼寺 ⓮今宮坊 ⓯少林寺 ⓰西光寺 ⓱定林寺 ⓲神門寺 ⓳龍石寺 ⓴岩之上堂 ㉑観音寺 ㉒童子堂 ㉓音楽寺 ㉔法泉寺 ㉕久昌寺 ㉖円融寺 ㉗大渕寺 ㉘橋立堂 ㉙長泉院 ㉚法雲寺 ㉛観音院 ㉜法性寺 ㉝菊水寺 ㉞水潜寺

御朱印

右は第1番札所・四萬部寺で「大悲殿」。左は第2番札所・真福寺の御朱印で、少し離れた場所にある光明寺でいただく

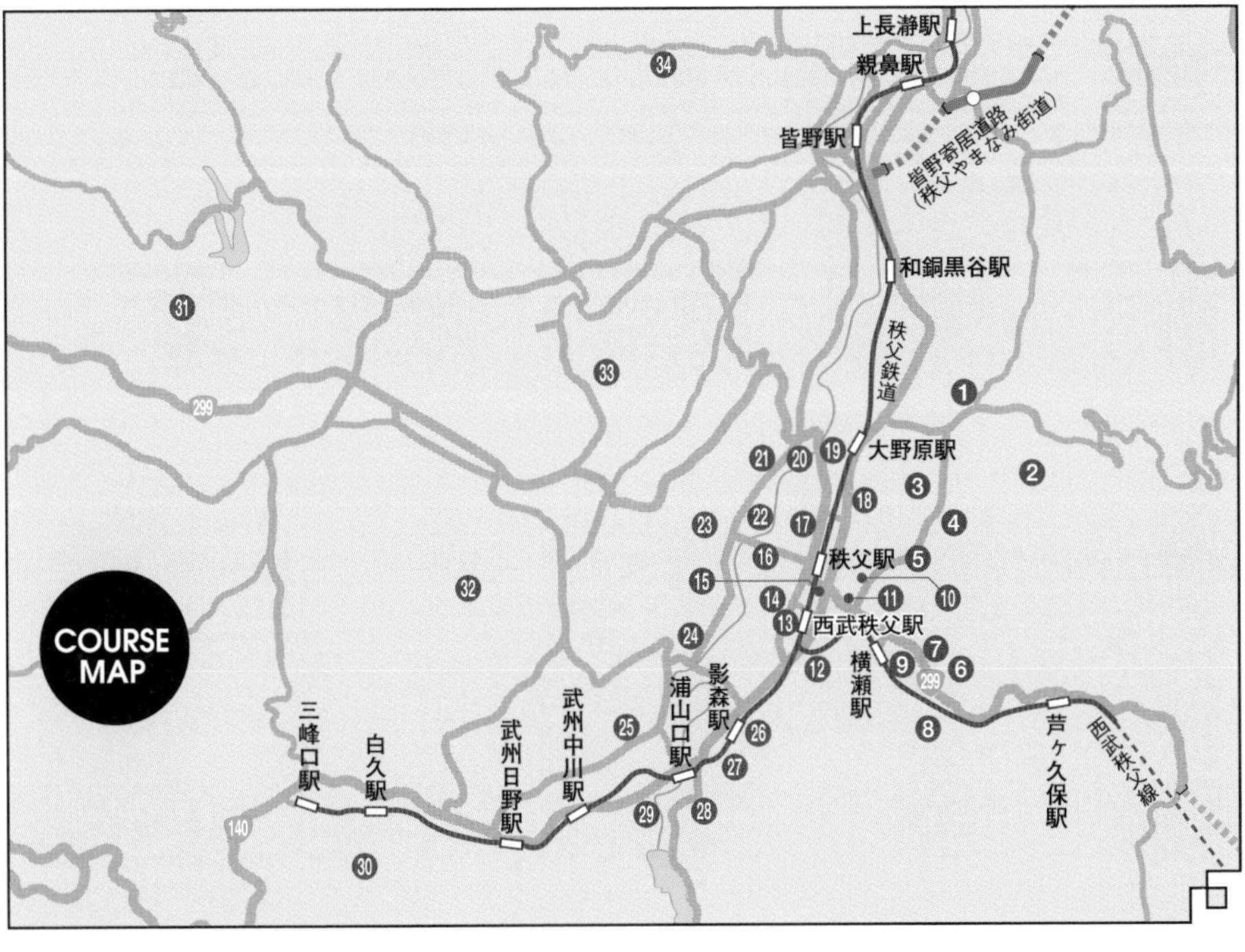

COURSE MAP

上長瀞駅 親鼻駅 皆野駅 皆野寄居道路（秩父やまなみ街道） 和銅黒谷駅 秩父鉄道 大野原駅 秩父駅 西武秩父駅 横瀬駅 芦ヶ久保駅 西武秩父線 影森駅 浦山口駅 武州中川駅 武州日野駅 白久駅 三峰口駅 299 140

秩父札所番付（札所32番蔵）が実在することから、少なくとも室町時代には秩父札所は定着していたと考えられている。また、やはりこの時期に西国、坂東と合わせて日本百観音が成立するよう、秩父に1ヶ寺が追加されて三十四ヶ所となったようだ。

江戸時代には観音信仰は庶民の間にも浸透し、秩父の札所めぐりにも江戸から多くの巡礼者が訪れるようになる。これにより、巡礼しやすいように札所番号を変更するなど、ルートが整備されていった。

武甲山と秩父の棚田

第12番札所・野坂寺の境内は広く、季節ごとに草花が咲き誇る

昔ながらの雰囲気の江戸巡礼古道を歩く

秩父三十四ヶ所観音霊場の札所は、埼玉県の秩父市、横瀬町、小鹿野町、皆野町という、小さなエリアに集約されている。そのために、独自の地域性が醸成されてきた。

西国と坂東は、ほとんどが天台宗と真言宗の寺院で占められるが、秩父三十四ヶ所観音は３ヶ寺を除いてすべてが禅宗系の寺院であることは大きな特徴の一つだ。そのせいもあり、美しい自然にすっぽりと包まれた、小さく素朴な寺院が多い。秩父の札所めぐりが古くから多くの巡拝者の心をとらえてきたのは、飾り気のない、庶民に通じる親近感があったからかもしれない。

全行程は約１００キロ。徒歩巡礼の場合は７日程度、車の場合は３日程度といわれている。秩父札所の素晴らしさ

野坂寺（のさかじ）

埼玉県秩父市野坂2-12-25

参道の両側に桜並木があり、春は見事に咲き誇る。本堂は明治期に焼失したものを昭和49年（1974）に、復元・再建した。

音楽寺（おんがくじ）

埼玉県秩父市寺尾3773

小鹿坂峠の中腹に位置し前庭から秩父市街が一望できる。寺名から、音楽を志す人たちが訪れることが多いという。

久昌寺（きゅうしょうじ）

埼玉県秩父市久那2315

性空上人が夢で閻魔大王に会い、石の通行手形（御手判）をもらったという伝説が残っており、御手判寺とも呼ばれている。

春は花見、秋は紅葉が美しい第23番札所・音楽寺

御朱印

第23番札所・音楽寺(右)と第25番札所・久昌寺の御朱印

境内のそこかしこに多くの石仏がある第4番札所・金昌寺。大きな岩の下にも石仏が並んでいる

を知るには、江戸巡礼古道を歩く巡礼スタイルがおすすめだ。野を横切り、谷を渡る古い道が今も残されている。同行してくれる案内人もいるので、連合会などに問い合わせを。脚力に自信がなければ日帰りバスツアー（4回で結願）も用意されているし、タクシー巡礼もある。

DATA

▶コースガイド

開創：文暦1年（1234）
エリア：埼玉県秩父地方
コース全長：約100㎞
標準日程：車利用で2～4日、徒歩で約1週間

【問い合わせ先】
秩父札所連合会
埼玉県秩父市野坂町1-16-15　秩父観光情報館2F
☎0494-25-1170
http://chichibufudasho.com/

狭山三十三観音霊場

●さやまさんじゅうさんかんのんれいじょう

緑濃き「となりのトトロ」の舞台をめぐる巡礼

狭山丘陵の周辺で「の」の字を描く旅

狭山三十三観音霊場は、東京都の東村山市、東大和市、武蔵村山市、瑞穂町と、埼玉県の所沢市、入間市に点在する。開創は天明8年（1788）と伝えられる。第1番札所・金乗院（山口観音）の亮盛と、第33番札所・妙善院の卍杲という二人の僧が協力して開設したという説が有力だ。

狭山丘陵のほぼ中央部にある金乗院から打ちはじめ、多摩湖・秩父湖の周りを「の」の字を描くように丘陵の内外に分布している。全行程は約37・9キロだ。

狭山丘陵は東西約10キロ、南北の幅の広いところで約4キロという狭いエリア。その中に33の札所があるため、小さく、無名な観音堂も多い。

徳蔵寺（とくぞうじ）

東京都東村山市諏訪町1-26-3

太平記の記述を裏付ける国指定重要文化財「元弘の板碑」の保存館がある。第12番札所・永春庵も徳蔵寺の境内にある。

金乗院（こんじょういん）

埼玉県所沢市上山口2203

山口観音として親しまれる真言宗寺院。弘法大師の開基と伝えられる。西武球場にも近く、多くの参拝者が訪れる。本尊は千手観音。

妙善院（みょうぜんいん）

埼玉県所沢市三ヶ島3-1410

俗に「原の寺」と呼ばれる。周囲に人家がなかった頃は、まさに野原の真ん中にあったのだろう。結願の寺の本尊は白衣観音。

西武園から多摩湖を望む。トトロの森の緑が広がる

第1番札所・金乗院の八体尊

右は第1番札所・金乗院のもので「千手観世音」、左は第3番札所・六斎堂のもので「正観世音」の文字

COURSE MAP

❶金乗院
❷佛蔵院
❸六斎堂
❹正智庵
❺勝光寺
❻瑞岩寺
❼普門院
❽新光寺
❾梅岩寺
❿瀧谷寺
⓫徳蔵寺
⓬永春庵
⓭正福寺
⓮賽珠禅寺
⓯清水観音堂
⓰三光院
⓱霊性庵
⓲雲性寺
⓳はやし堂
⓴真福寺
㉑原山観音堂
㉒吉祥院
㉓慈眼寺
㉔禅昌寺
㉕福正禅寺
㉖山際観音堂
㉗寿昌寺
㉘西久保観世音
㉙西勝院
㉚松林寺
㉛聴松軒
㉜慈眼庵
㉝妙善院

住職不在の無住寺では、納経所を個人宅が管理している場合もあるので、事前に問い合わせることをおすすめする。

映画「となりのトトロ」の舞台にもなった狭山丘陵。都心から日帰りできる距離でありながら、豊かな緑にあふれる。週末のハイキング気分で巡礼に出かけたい。

DATA

▶コースガイド

開創：天明8年（1788）　エリア：東村山市、東大和市、武蔵村山市、瑞穂町、所沢市、入間市
コース全長：約37.9㎞
標準日程：車利用で約2日、徒歩で4日（日帰り×4回）

【問い合わせ先】

狭山三十三観音霊場会事務局（金乗院内）
埼玉県所沢市上山口2203　☎04-2922-4258

古都・鎌倉をよく知ることができる札所めぐり

鎌倉三十三観音霊場

●かまくらさんじゅうさんかんのんれいじょう

国際的な観光都市で古寺名刹をめぐる

鎌倉の古寺名刹をめぐる鎌倉三十三観音霊場。開創は江戸時代の前期から中期にかけての時期といわれ、特に元禄から宝暦にかけて多くの人が巡礼を行ったようだ。

明治以降は廃寺や移転する寺などが続出。この札所めぐりも衰退していった。再興したのは大正末期から昭和初期にかけて。新たな三十三ヶ寺が選定された。

日本を代表する古都だけに、多くの観光客を集める有名寺院の札所が多い。

打ちはじめは十一面観音が有名な杉本寺。そしてあじさい寺として名高い長谷寺、鎌倉大仏の高徳院、縁切り寺として知られる東慶寺などをめぐり、鎌倉五山の一つ円覚寺

第22番札所

極楽寺（ごくらくじ）

神奈川県鎌倉市極楽寺3-6-7

鎌倉では珍しい真言律宗の寺院。かつては多くの子院をもつ大寺院だった。本尊は釈迦如来、霊場の本尊は如意輪観音。

第1番札所

杉本寺（すぎもとでら）

神奈川県鎌倉市二階堂903

天平6年（734）、行基が十一面観音を安置して創建した鎌倉最古の寺。堂宇が焼失したが、源頼朝が再興した。

第30番札所

明月院（めいげついん）

神奈川県鎌倉市山ノ内189

あじさい寺として親しまれている寺院。本尊は聖観世音菩薩。多くの人々の救済に手を差しのべ、苦難除去や開運授福のご利益がある。

鎌倉市内をめぐる巡礼。鶴ヶ岡八幡宮参拝も忘れずに

国際観光都市をめぐる旅。季節の移ろいにも目を向けたい

右は第1番札所・杉本寺で「十一面大悲殿」、左は第30番札所・明月院のもので「聖観世音菩薩」の文字

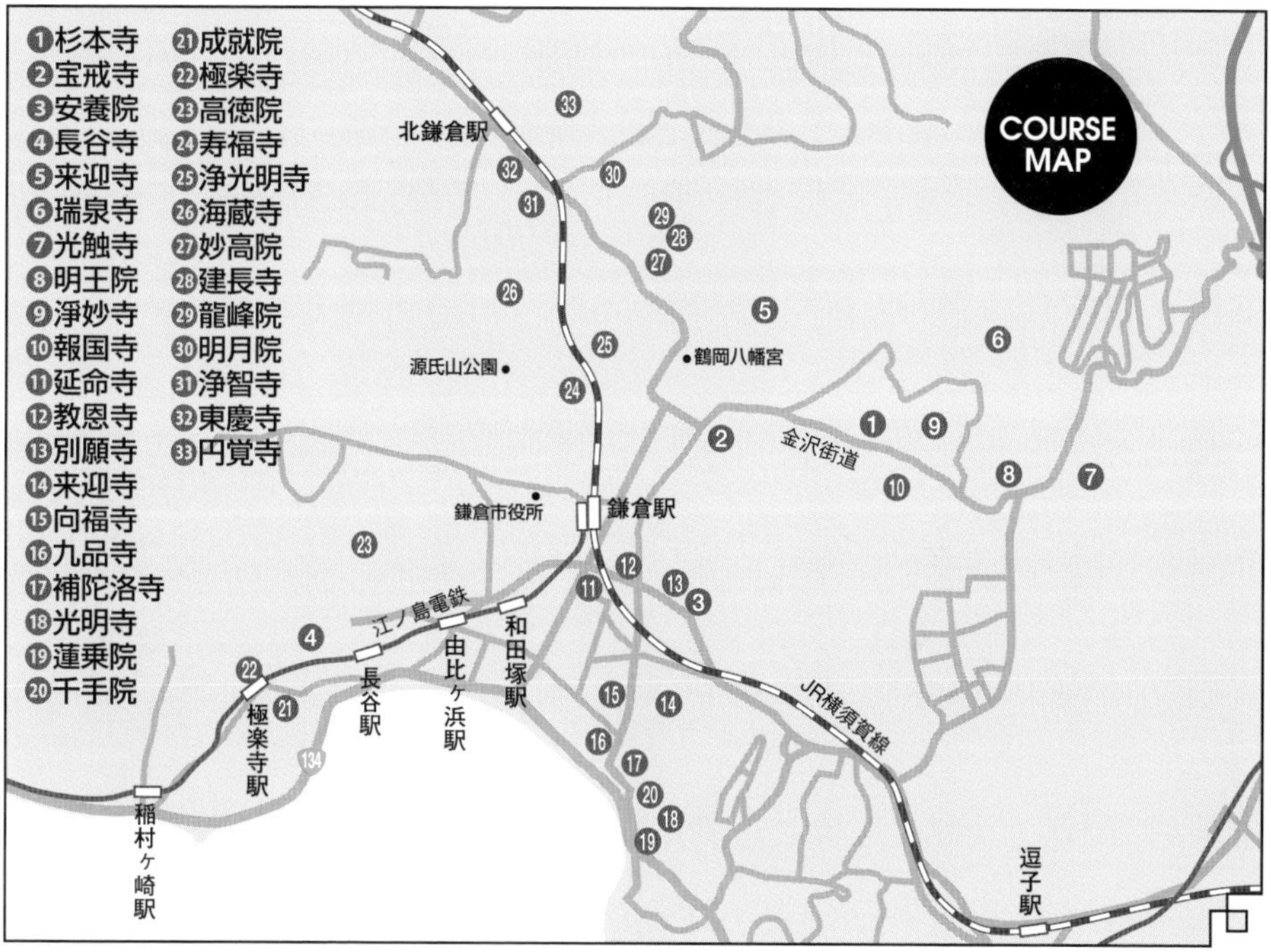

COURSE MAP

①杉本寺
②宝戒寺
③安養院
④長谷寺
⑤来迎寺
⑥瑞泉寺
⑦光触寺
⑧明王院
⑨浄妙寺
⑩報国寺
⑪延命寺
⑫教恩寺
⑬別願寺
⑭来迎寺
⑮向福寺
⑯九品寺
⑰補陀洛寺
⑱光明寺
⑲蓮乗院
⑳千手院
㉑成就院
㉒極楽寺
㉓高徳院
㉔寿福寺
㉕浄光明寺
㉖海蔵寺
㉗妙高院
㉘建長寺
㉙龍峰院
㉚明月院
㉛浄智寺
㉜東慶寺
㉝円覚寺

北鎌倉駅
源氏山公園
鶴岡八幡宮
金沢街道
鎌倉市役所
鎌倉駅
江ノ島電鉄
和田塚駅
由比ヶ浜駅
長谷駅
極楽寺駅
稲村ヶ崎駅
JR横須賀線
逗子駅
134

DATA

▶コースガイド
開創：江戸時代
エリア：神奈川県鎌倉市
コース全長：約35km
標準日程：車利用で1泊2日、徒歩で2泊3日

【問い合わせ先】
明王院
神奈川県鎌倉市十二所32
☎0467-25-0416

で結願となる。

狭い鎌倉市内に密集する札所であり、三十三観音をめぐることで一味違った鎌倉観光を楽しむこともできる。

坂東三十三観音、鎌倉二十四地蔵霊場など、他の巡礼と重複する札所も多い。他の巡礼と合わせてめぐるのが効率いいだろう。

鎌倉時代に開創された歴史ある観音札所めぐり

安房国札観音霊場

あわくにふだかんのんれいじょう

気候温暖な南房総で仏のみ心に包まれる

旧安房国は、千葉県の房総半島南部の一帯。東京近郊でありながら温暖な気候で、冬でも菜の花やタンポポなどが見られる。そんな穏やかな気候風土の場所に広がるのが、安房国札観音霊場だ。

その歴史は古く、開創は鎌倉時代の貞永年間（1232〜33）といわれている。関東一円に疫病が流行している中、一人の行脚僧がこの地を訪れて札所を設定。それを西国三十三観音の写し霊場として創設し、さらに番外の花山院になぞらえて三十四にしたと伝えられている。現在は番外3ヶ寺も加えられ37ヶ寺ある。

丑年と午年の6年ごとに全札所でご開帳する慣行があり、ご開帳の年にはご利益を求め、

滝本堂（たきもとどう）

千葉県鴨川市平塚1718

札所本尊の千手観音は大寺・長徳院の本尊だったが、同院が廃寺になり、ここ大山寺に移され祀られている。

宝珠院（ほうじゅいん）

千葉県南房総市府中687

かつては100を超える末寺を有した名刹。霊場本尊は十一面観音。御朱印は第3札所・崖観音でいただける。

小松寺（こまつじ）

千葉県南房総市千倉町大貫1057

奈良時代の建立という古刹。仁王門、本堂、薬師堂などがそろい、境内は荘厳な雰囲気。霊場の本尊は聖観音。

第25番真野寺の本尊、覆面千手観音

第32番札所・小網寺は文化財豊富な古刹

右は第1番札所・那古寺、左は第17番札所・清澄寺の御朱印

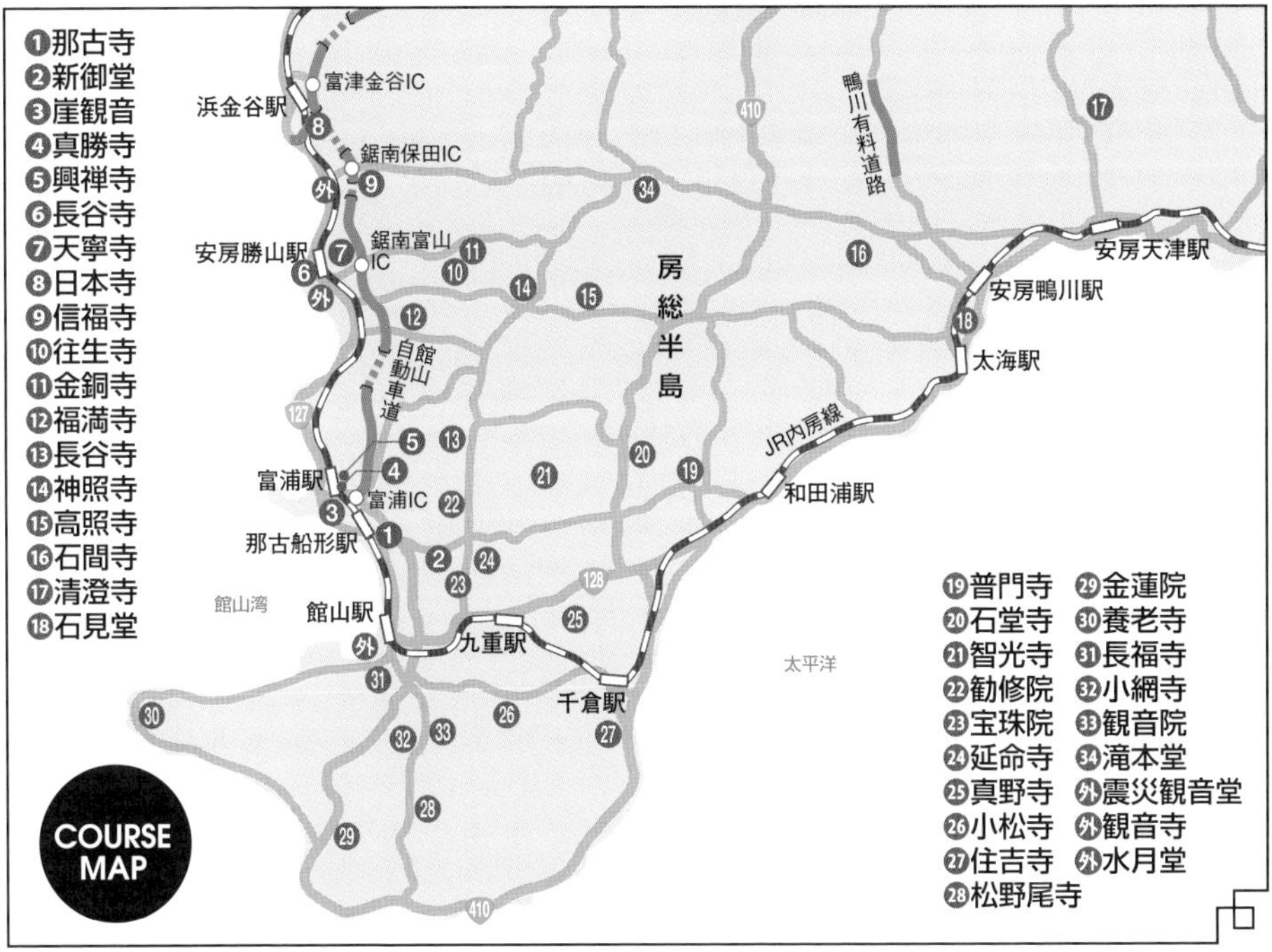

COURSE MAP

❶那古寺
❷新御堂
❸崖観音
❹真勝寺
❺興禅寺
❻長谷寺
❼天寧寺
❽日本寺
❾信福寺
❿往生寺
⓫金銅寺
⓬福満寺
⓭長谷寺
⓮神照寺
⓯高照寺
⓰石間寺
⓱清澄寺
⓲石見堂
⓳普門寺
⓴石堂寺
㉑智光寺
㉒勧修院
㉓宝珠院
㉔延命寺
㉕真野寺
㉖小松寺
㉗住吉寺
㉘松野尾寺
㉙金蓮院
㉚養老寺
㉛長福寺
㉜小網寺
㉝観音院
㉞滝本堂
外 震災観音堂
外 観音寺
外 水月堂

浜金谷駅 富津金谷IC 鋸南保田IC 安房勝山駅 鋸南富山IC 館山自動車道 富浦駅 富浦IC 那古船形駅 館山湾 館山駅 九重駅 千倉駅 房総半島 鴨川有料道路 安房天津駅 安房鴨川駅 太海駅 JR内房線 和田浦駅 太平洋

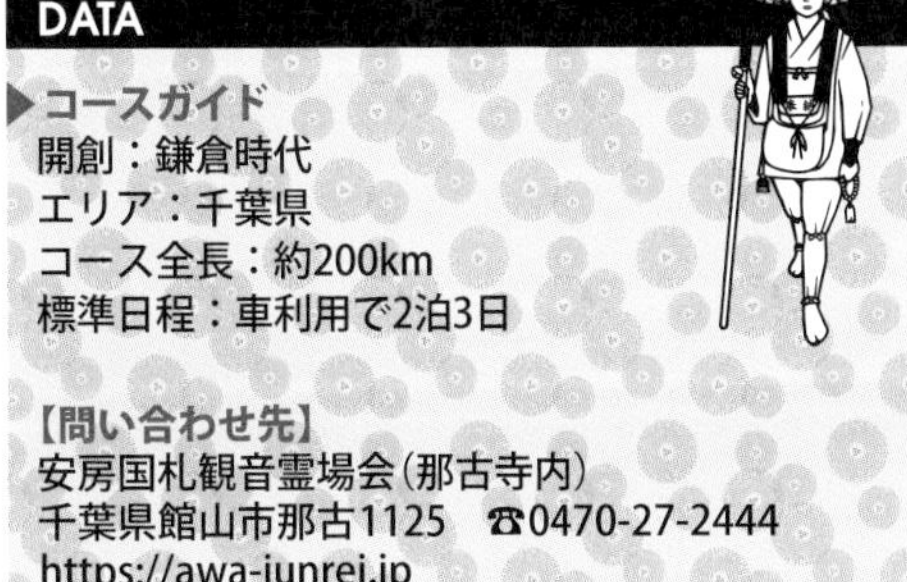
DATA

▶コースガイド
開創：鎌倉時代
エリア：千葉県
コース全長：約200km
標準日程：車利用で2泊3日

【問い合わせ先】
安房国札観音霊場会（那古寺内）
千葉県館山市那古1125　☎0470-27-2444
https://awa-junrei.jp

多くの巡拝者がつめかける。

長い歴史をもつ霊場だけに、霊場を構成する寺院やその所在地などもさまざまに変動。巡路も大きく変わり、順番通りにめぐることは難しくなっている。また、住職不在で無人となっている寺院も少なからずあるので、事前に問い合わせをしよう。

越後三十三観音霊場

●えちごさんじゅうさんかんのんれいじょう

鎌倉幕府5代執権が開創した越後の札所めぐり

広大な新潟の地で変化に富んだ旅

南北に長い新潟県の、佐渡島を除くほぼ全域に点在する札所めぐりが越後三十三観音霊場だ。

その歴史は古く、鎌倉時代にさかのぼる。鎌倉幕府5代執権北条時頼が康元元年（1256）に越後国を回った際に定めたという。第1、2、7、10、12、33番札所の縁起には共通して時頼が登場し、札所番号やご詠歌を定めたと伝えられている。また、後に出家した時頼は最明寺入道と号したが、第33番札所は寺名そのものが最明寺。時頼が観音霊場成立に深く関わっていたことがうかがわれる。

広い新潟県の野を歩き、海辺の道を行き、山中に分け入る。変化に富んだ越後の自然

岩屋堂（いわやどう）
新潟県上越市名立区岩屋堂
武将・上杉景直が敵将に切りつけられたが、信仰していた観音が身代わりで刀を受け、その傷跡が今も像の肩先にあるという。

長徳寺（ちょうとくじ）
新潟県十日町市友重170-1
征夷大将軍坂上田村麿の開創。本尊の千手観音は僧延鎮作と伝えられ、京都清水寺の観音様と同木といわれている。

千蔵院（せんぞういん）
新潟県長岡市柏町1-5-12
本尊の千手観音は行基作で、1寸8分の黄金仏。長岡藩主・牧野公の祈願寺として、広く庶民の信仰を集めた。

第26番札所・乙宝寺の三重塔

第19番札所・光照寺本尊

第16番札所・椿沢寺、第27番札所・光浄寺の御朱印

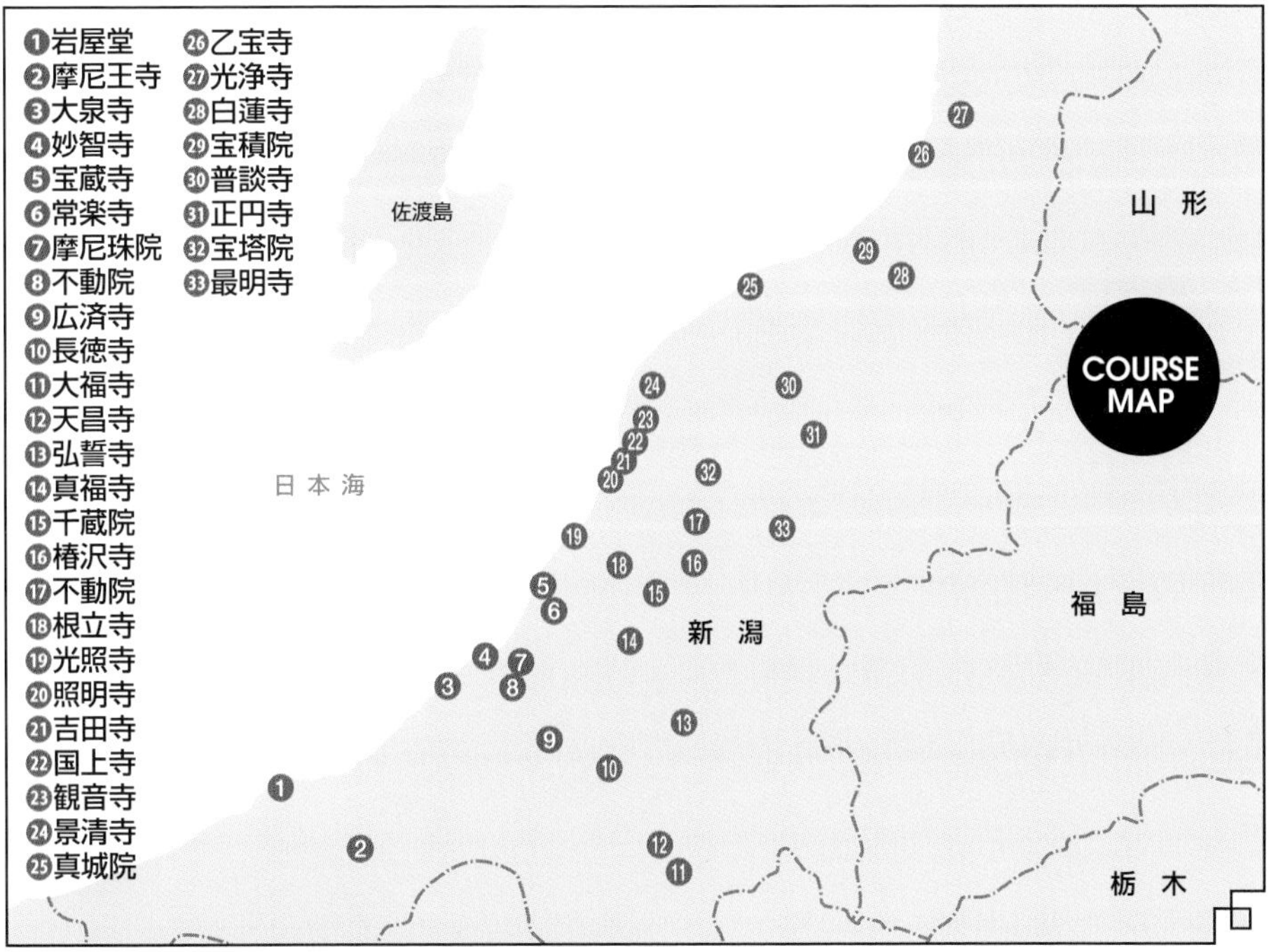

COURSE MAP

1 岩屋堂
2 摩尼王寺
3 大泉寺
4 妙智寺
5 宝蔵寺
6 常楽寺
7 摩尼珠院
8 不動院
9 広済寺
10 長徳寺
11 大福寺
12 天昌寺
13 弘誓寺
14 真福寺
15 千蔵院
16 椿沢寺
17 不動院
18 根立寺
19 光照寺
20 照明寺
21 吉田寺
22 国上寺
23 観音寺
24 景清寺
25 真城院
26 乙宝寺
27 光浄寺
28 白蓮寺
29 宝積院
30 普談寺
31 正円寺
32 宝塔院
33 最明寺

佐渡島
日本海
新潟
山形
福島
栃木

DATA

▶コースガイド
開創：康元元年（1256）
エリア：新潟県
コース全長：約600㎞
標準日程：車利用で3泊4日

【問い合わせ先】
越後三十三観音霊場会事務局（千蔵院内）
新潟県長岡市柏町1-5-12　☎0258-33-1962
http://echigo33kannon.org/

風土に抱かれる旅は、自らを見つめ直すいい機会になる。全長は約600キロ。車で移動すれば3泊4日程度の行程で結願できる。温泉で疲れを癒しながら、のんびりめぐりたい。

住職不在で世話人が管理している札所もあるので、事前によく調べておきたい。

弘法大師霊場

佐渡八十八ヶ所霊場

歴史と信仰の島・佐渡をめぐる遍路

●さどはちじゅうはちかしょれいじょう

数々の史跡をはじめ見どころはたっぷり

歴史と信仰、そして人情に満ち溢れた島、佐渡島。周囲262・7キロ、面積は東京23区より大きい621平方キロメートル、日本一大きな島である。

この佐渡に四国遍路を写した記録は、延享2年（1745）、雑太西方東林坊の住持、快栄によりはじまったとするのが初見だ。また、文化12年（1815）、小木小比叡の善策らが四国霊場の土砂を奉納し、島内88ヶ所に奉納して開創したという記録もある。

現在の形の礎となったのは昭和6年（1931）で、島内の札所を整理統合して「佐渡一国遍路」を開始。終戦後に佐渡四国八十八ヶ所霊場に進化していった。

長谷寺（ちょうこくじ）

新潟県佐渡市長谷13

大和の初瀬の長谷寺を模して築かれたといわれる寺。寺宝の十一面観音は秘仏で、33年ごとに1回開扉される。

佐渡国分寺（さどこくぶんじ）

新潟県佐渡市国分寺113

聖武天皇の勅命で建立された寺院で、佐渡最古の寺。本尊は平安時代前期の特色を表している薬師如来。

清水寺（せいすいじ）

新潟県佐渡市新穂大野

奥の院に清い水が湧き出ているので清水寺と名付けられたという。境内の銀杏の大樹は島内でも古木として有名。

第58番札所・清水寺。まさに清水の舞台を彷彿とさせる観音堂

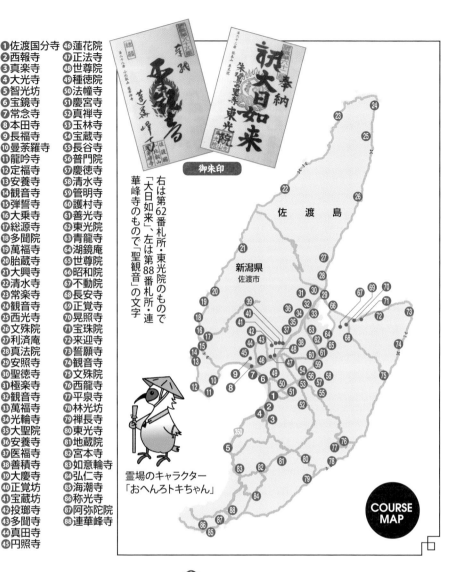

1 佐渡国分寺
2 西報寺
3 真楽寺
4 大光寺
5 智光坊
6 宝鏡寺
7 常念寺
8 本田寺
9 長福寺
10 曼荼羅寺
11 龍吟寺
12 定福寺
13 安養寺
14 観音寺
15 弾誓寺
16 大乗寺
17 総源寺
18 多聞院
19 萬福寺
20 胎蔵寺
21 大興寺
22 清水寺
23 常楽寺
24 観音寺
25 西光寺
26 文殊院
27 利済庵
28 真法院
29 安照寺
30 聖徳寺
31 極楽寺
32 観音寺
33 萬福寺
34 光輪寺
35 大聖院
36 安養寺
37 医福寺
38 善積寺
39 大慶寺
40 正覚坊
41 宝蔵坊
42 投げ寺
43 多聞寺
44 真田寺
45 円照寺
46 蓮花院
47 正法寺
48 世尊院
49 種徳院
50 法幢寺
51 慶宮寺
52 真禅寺
53 玉林寺
54 宝蔵寺
55 長谷寺
56 普門院
57 慶徳寺
58 清水寺
59 管明寺
60 護村寺
61 善光寺
62 東光院
63 青龍寺
64 湖鏡庵
65 世尊院
66 昭和院
67 不動院
68 長安寺
69 正覚寺
70 晃照寺
71 宝珠院
72 来迎寺
73 誓願寺
74 観音寺
75 文殊院
76 西龍寺
77 平泉寺
78 林光坊
79 禅長寺
80 東光寺
81 地蔵院
82 宮本寺
83 如意輪寺
84 弘仁寺
85 海潮寺
86 称光寺
87 阿弥陀院
88 連華峰寺

御朱印

右は第62番札所・東光院のもので「大日如来」、左は第88番札所・連華峰寺のもので「聖観音」の文字

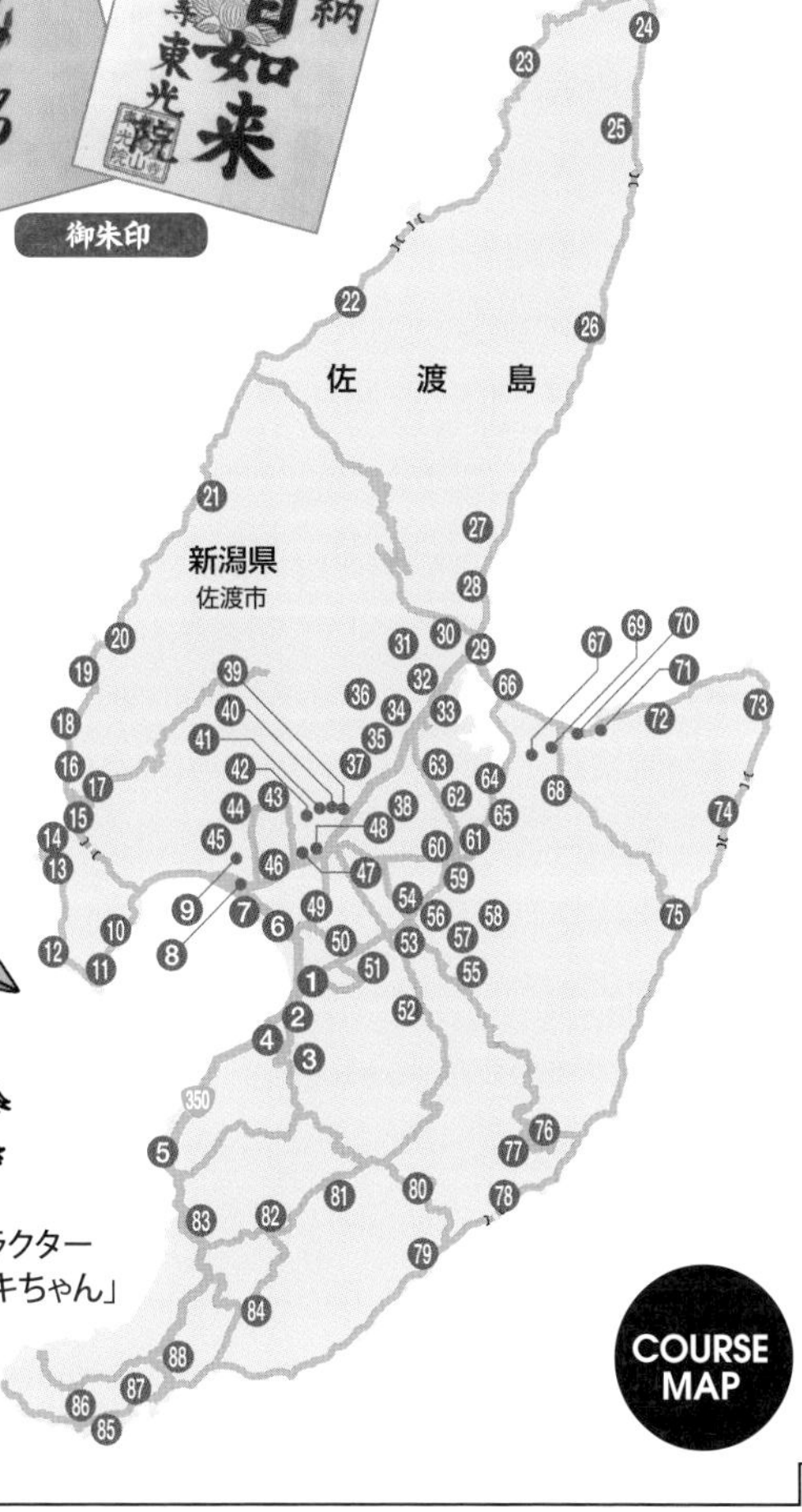

霊場のキャラクター「おへんろトキちゃん」

佐渡島
新潟県
佐渡市

COURSE MAP

佐渡は順徳天皇や日蓮などが流された島であり、さまざまな歴史をもつ島だ。数多くの史跡や立派な寺院があることでも知られている。その一つひとつの史跡や札所を丁寧にたどりながら、食や人情、大自然といった佐渡ならではの魅力を堪能できる巡礼が佐渡遍路なのだ。

DATA

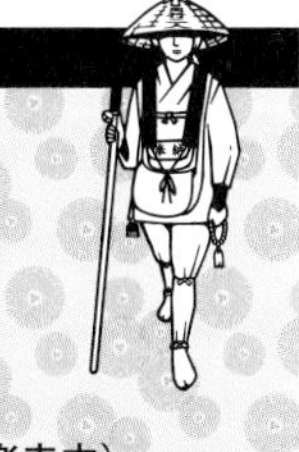

▶コースガイド
開創：延享2年（1745）
エリア：佐渡島全域
コース全長：未発表
標準日程：車利用で5泊6日

【問い合わせ先】
佐渡八十八ヶ所霊場会事務局（真楽寺内）
新潟県佐渡市吉岡1430　☎0259-55-2229
https://sadoreijoukai.jp

信濃三十三観音霊場

しなのさんじゅうさんかんのんれいじょう

日本一標高の高い県をめぐる山紫水明の旅

順打ちは難しいため区切り打ちがおすすめ

信濃三十三観音霊場は、江戸時代初期ごろに設定されたといわれており、長野市、松本市をはじめ、小諸市、上田市、諏訪市など、長野県全域に霊場が点在。客番2ヶ寺を含み、35ヶ寺で構成される。

この霊場の最大の特徴は、信州の山々に囲まれた大自然の中を行く札所めぐりだということ。日本アルプスを望みながらめぐっていけば、季節の移り変わりとともに山々がさまざまな表情を見せる。その一方で、観音さまは長い年月変わることなくずっと我々を見守っていてくれることに気づくだろう。

古来より観音さまは補陀落山という高い山に住むと伝えられている。長野県は日本一

牛伏寺（ごふくじ）

長野県松本市内田2573

深山幽谷の地に10万坪余りの寺域を持ち、三十三霊場中最大規模の厄除け霊場。本尊の十一面観音をはじめ、国の重要文化財が多数ある。

宝蔵寺（ほうぞうじ）

長野県上田市御嶽堂84

切り立つ岩山の中腹に食い込むように建つ朱塗りの観音堂があり、「岩谷堂の観音さん」と呼ばれている。

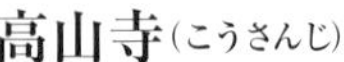

高山寺（こうさんじ）

長野県上水内郡小川村稲丘7119

結願の高山寺があるのは、北アルプスの山並みを望む景勝地。本尊の聖観音は秘仏。雨乞い、火除けの観音さまとして名高い。

第29番札所・釈尊寺の布引観音

御朱印

上は第18番札所・長谷寺、下は第29番札所・釈尊寺のもの。ともに観音さまのいる場所を意味する「大悲殿」の文字

第28番札所・龍福寺の松

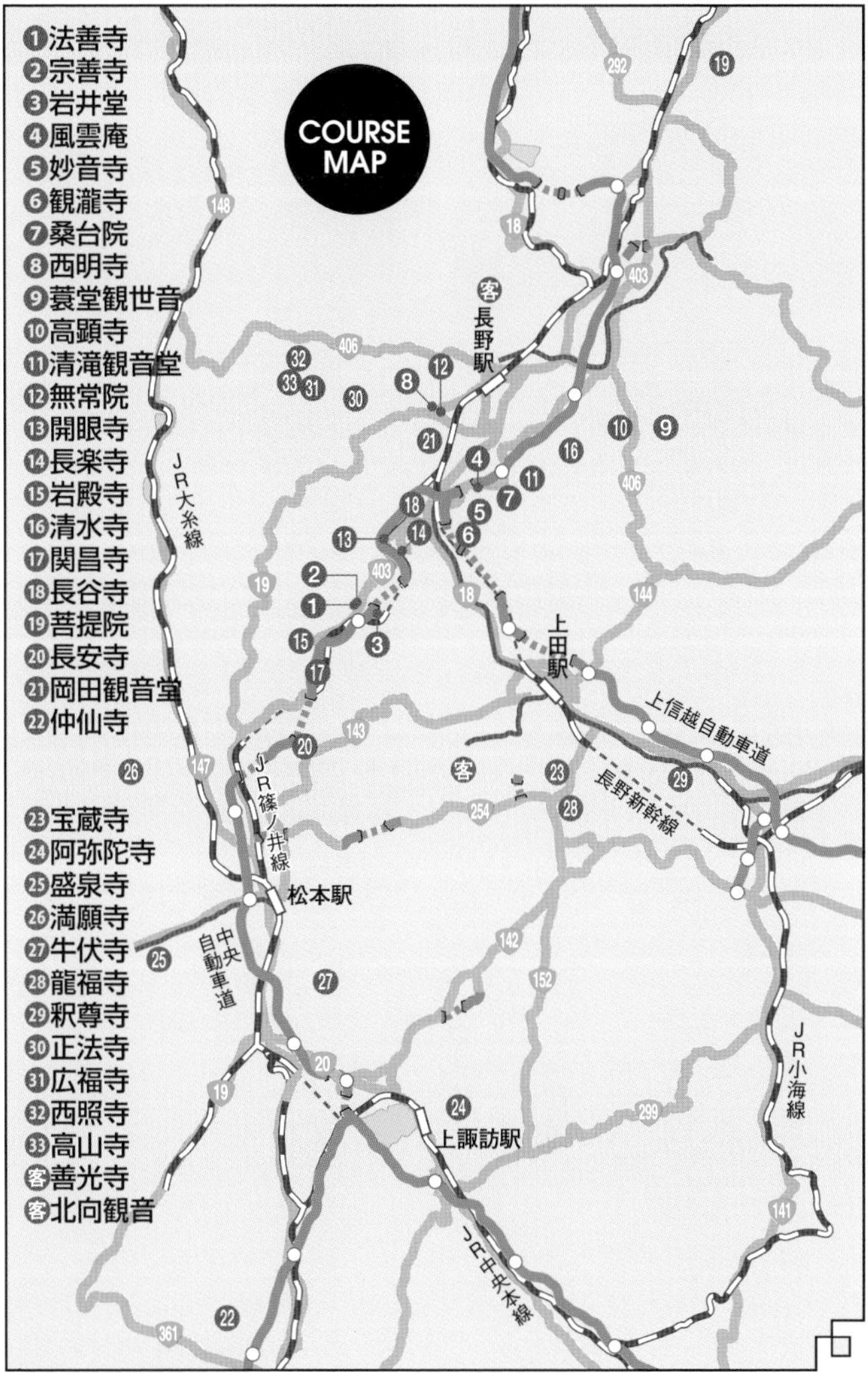

COURSE MAP

1 法善寺
2 宗善寺
3 岩井堂
4 風雲庵
5 妙音寺
6 観瀧寺
7 桑台院
8 西明寺
9 蓑堂観世音
10 高顕寺
11 清滝観音堂
12 無常院
13 開眼寺
14 長楽寺
15 岩殿寺
16 清水寺
17 関昌寺
18 長谷寺
19 菩提院
20 長安寺
21 岡田観音堂
22 仲仙寺
23 宝蔵寺
24 阿弥陀寺
25 盛泉寺
26 満願寺
27 牛伏寺
28 龍福寺
29 釈尊寺
30 正法寺
31 広福寺
32 西照寺
33 高山寺
客 善光寺
客 北向観音

長野駅 上田駅 松本駅 上諏訪駅 JR大糸線 JR篠ノ井線 JR小海線 JR中央本線 上信越自動車道 長野新幹線 中央自動車道

DATA

▶コースガイド
開創：江戸時代
エリア：長野県
コース全長：約550km
標準日程：車利用で4泊5日

【問い合わせ先】
信濃三十三観音札所連合会事務局（牛伏寺内）
長野県松本市内田2573　☎0263-58-3178
http://shinano33.com/

平均標高の高い県であり、まさに観音さまの霊場として相応しいといえるだろう。

第1番札所は麻績村の法善寺だが、札所番号順にめぐる順打ちは難しい。公式サイトには、昔の人が歩いて巡礼した街道を基準に9エリアに分けた「区切り打ち」が紹介されているので参考にしよう。

諏訪三十三ヶ所観音霊場

●すわさんじゅうさんかしょかんのんれいじょう

古くから信仰の篤い諏訪湖周辺の狭いエリアをめぐる

江戸時代から続く百観音に準じる新しい霊場めぐり

長野県の諏訪湖周辺の3市2町（諏訪市、茅野市、岡谷市、富士見町、下諏訪町）に点在する33ヶ寺で構成されている霊場めぐりが諏訪三十三ヶ所観音霊場だ。

諏訪湖周辺は、古くから信仰の篤い地域。江戸時代から続いてきた諏訪百番観音霊場や伊那諏訪八十八ヶ所霊場などもある。

諏訪百番観音霊場は、諏訪周辺の地域別に東33札番所、中34番札所、西33番札所、合わせて100ヶ寺で構成された。しかし、狭い地域にこれほど多くの観音さまがいるわけもなく、なかには阿弥陀如来や薬師如来なども混じっていた。また、長い年月の流れの中では廃寺となったり、無

三光寺（さんこうじ）

長野県富士見町落合上蔦木2614

甲斐の武将・武田信重が満願寺を建立。その後禅長寺、三光寺と改称し、現在地に移ってきた。霊場本尊は三光寺観音と呼ばれる。

観音院（かんのんいん）

長野県岡谷市湊4-15-22

諏訪湖を見下ろす丘の上に建つ真言宗寺院。本尊の十一面観音は、諏訪湖で漁夫の網にかかって拾われ、安置されたと伝えられている。境内には、由布姫を祀った供養塔がある。

昌福寺（しょうふくじ）

長野県岡谷市川岸東4-16-5

戦国武将・武田勝頼の安堵状が伝わる。境内の枝垂桜は樹齢300年以上。諏訪2代藩主忠澄が大坂夏の陣の戦勝記念に植えたものと伝えられる。

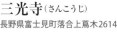

諏訪市立石展望台から見た諏訪湖の眺め

第24番札所・温泉寺の多宝塔

右は第1番札所・三光寺で「聖観世音」、左は第33番札所・昌福寺で「十一面観音」の文字

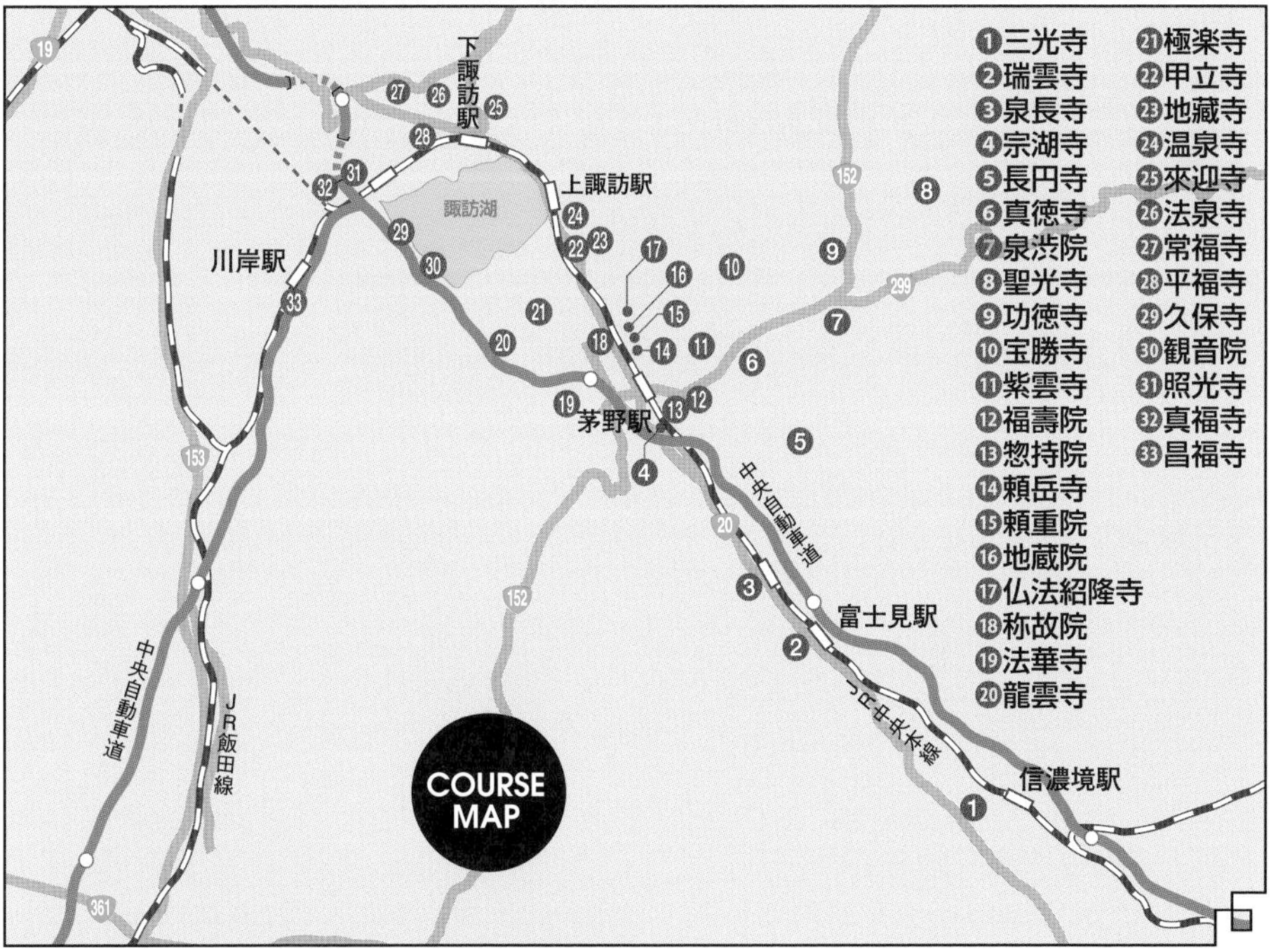

COURSE MAP

❶三光寺
❷瑞雲寺
❸泉長寺
❹宗湖寺
❺長円寺
❻真徳寺
❼泉渋院
❽聖光寺
❾功徳寺
❿宝勝寺
⓫紫雲寺
⓬福壽院
⓭惣持院
⓮頼岳寺
⓯頼重院
⓰地蔵院
⓱仏法紹隆寺
⓲称故院
⓳法華寺
⓴龍雲寺
㉑極楽寺
㉒甲立寺
㉓地蔵寺
㉔温泉寺
㉕來迎寺
㉖法泉寺
㉗常福寺
㉘平福寺
㉙久保寺
㉚観音院
㉛照光寺
㉜真福寺
㉝昌福寺

住となってしまった寺もあった。これらを再編・整理し、平成になって新たに定められたのが諏訪三十三ヶ所観音霊場というわけだ。

諏訪地域といえば「御柱」で知られる諏訪大社への信仰が有名だが、神々しいこの地で観音さまをめぐる旅をするのも心洗われる体験になる。

DATA

▶コースガイド
開創：平成14年（2002）
エリア：諏訪市、茅野市、岡谷市、富士見町、下諏訪町　コース全長：約80km
標準日程：車利用で2泊3日

【問い合わせ先】
真福寺
長野県岡谷市川岸上2-6-6　☎0266-23-6156
https://okaya-shinpukuji.jp/about-suwa33.html（真福寺）

名古屋を中心に東海地方の古寺名刹が多数

東海三十六不動尊霊場

●とうかいさんじゅうろくふどうそんれいじょう

交通の便のいい地域でめぐりやすい巡礼

平成2年（1990）4月に開創された東海三十六不動尊霊場は、愛知県・岐阜県・三重県の東海3県にまたがる札所めぐりだ。愛知県内23ヶ寺のうち、11ヶ寺は名古屋市内。これに三重県内7ヶ寺、岐阜県内6ヶ寺が加わる。全行程にわたって交通の便がよく、巡礼しやすい。

大須観音（宝生院）や豊川稲荷（妙厳寺）など、全国的に有名な寺院も含まれている。観光を兼ねながらも、自らを見つめなおす機会にするのもいいだろう。

打ちはじめとなる第1番札所は、愛知県犬山市の大聖寺。犬山成田山とも呼ばれ、千葉県の大本山成田山新勝寺の不動明王の分身を祀る。第10番

萬福院（まんぷくいん）

愛知県名古屋市中区栄5-26-24

第1番札所・大聖寺同様、千葉県の成田山新勝寺の不動明王の分身を本尊とする。名古屋・栄の成田山として多くの参詣者を集めている。

福生院（ふくしょういん）

愛知県名古屋市中区錦2-5-22

「袋町お聖天」として、庶民の信仰を集める寺院。お聖天とは十一面観音と大自在天の化身で、最も神通力の強い神さまとされている。

興正寺（こうしょうじ）

愛知県名古屋市昭和区八事本町78

学問・修行の道場として、そして信仰の拠り所として300年の歴史を誇る。尾張徳川家の祈願寺として繁栄し「尾張高野」とも呼ばれる。

第32番札所・円鏡寺の三重の塔

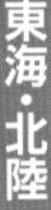

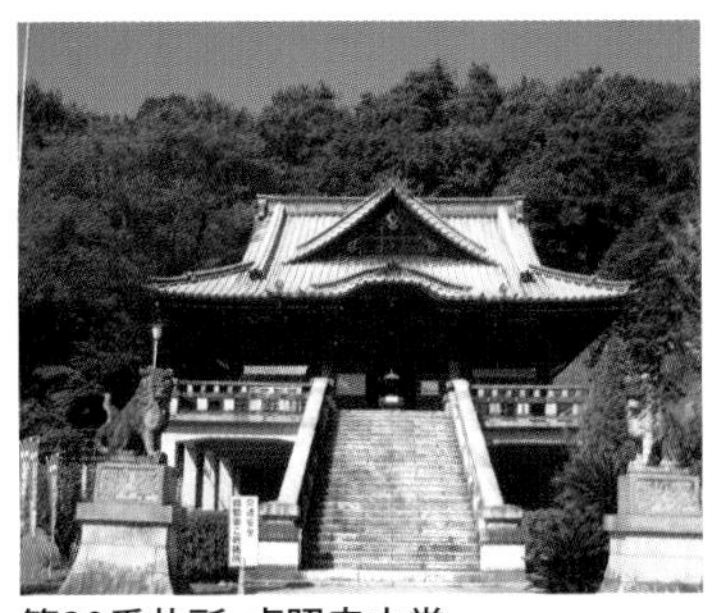

第30番札所・貞照寺本堂

右は第11番札所・萬福院で「本尊不動明王」、左は第19番札所・無量寺で「西蒲不動尊」の文字

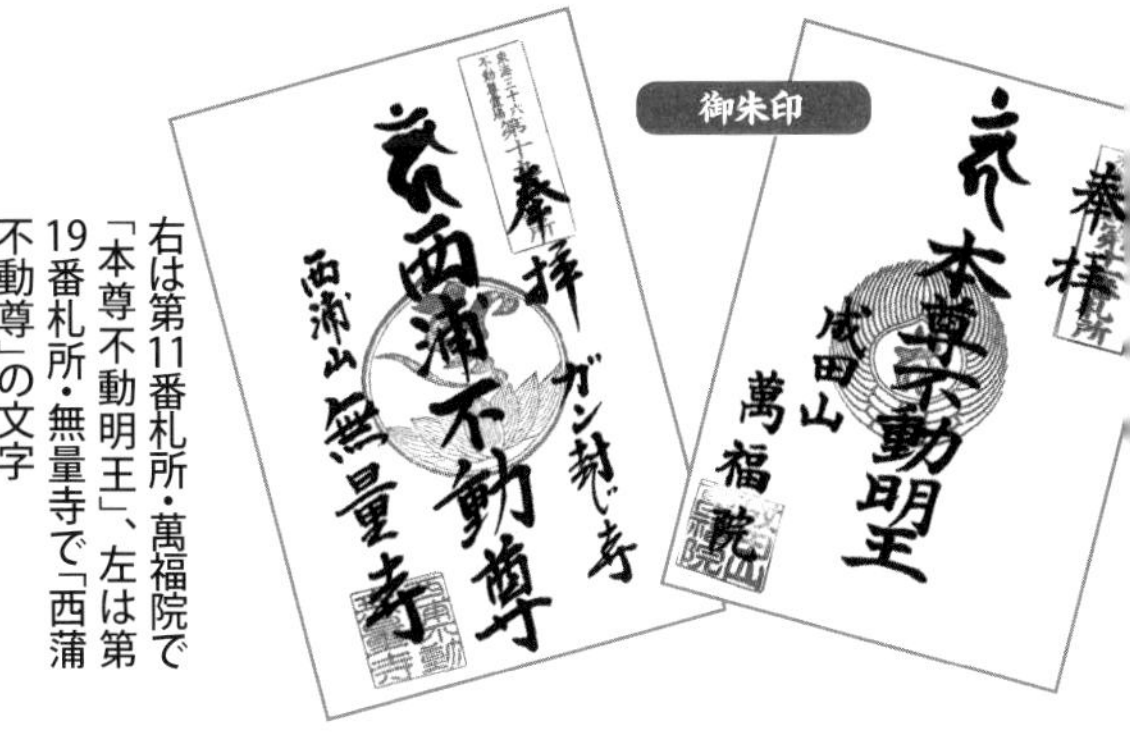

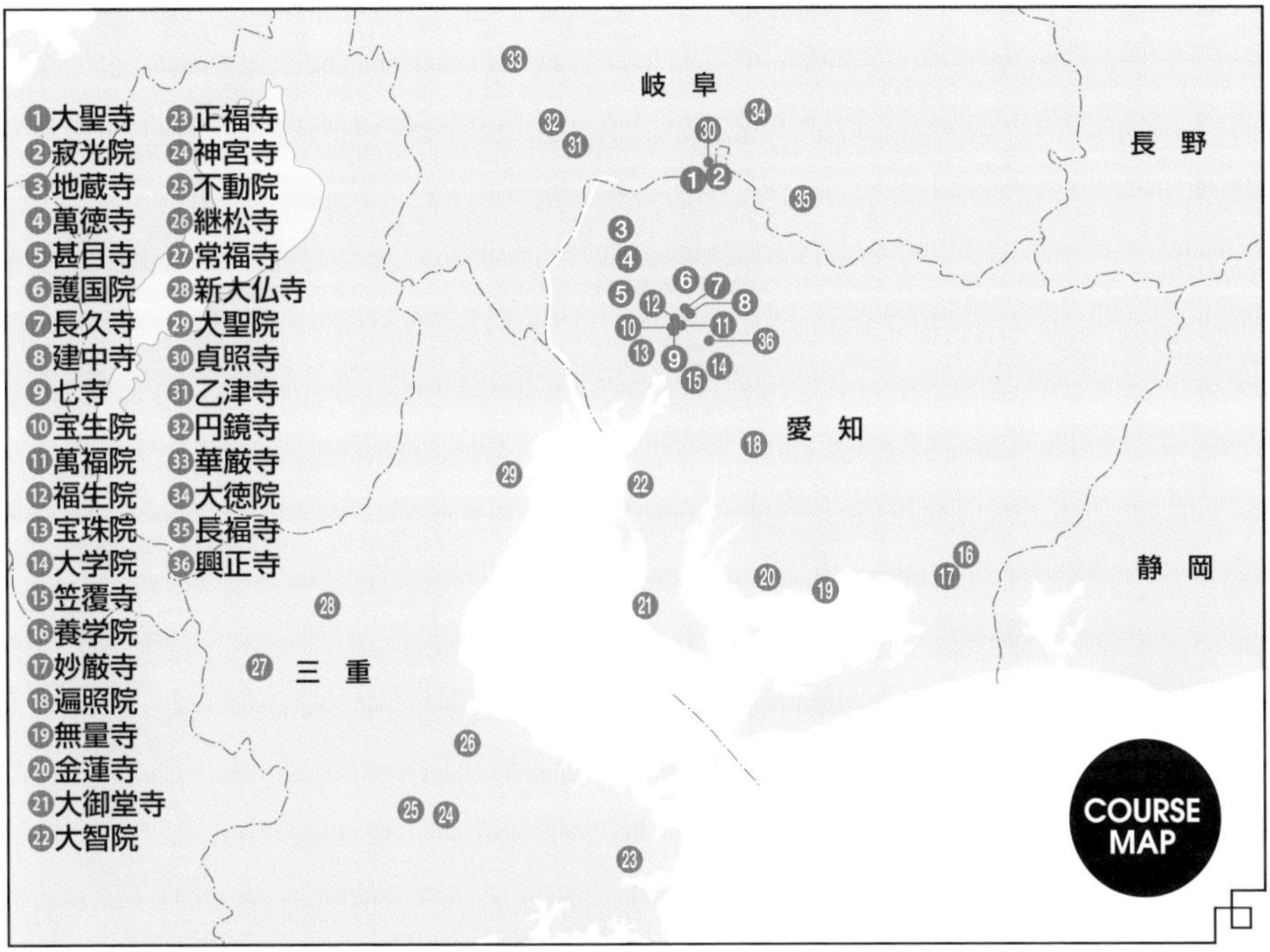

御朱印
奉拝
西浦不動尊
ガン封じ寺
西浦山
無量寺
本尊不動明王
成田山
萬福院

1 大聖寺
2 寂光院
3 地蔵寺
4 萬徳寺
5 甚目寺
6 護国院
7 長久寺
8 建中寺
9 七寺
10 宝生院
11 萬福院
12 福生院
13 宝珠院
14 大学院
15 笠覆寺
16 養学院
17 妙厳寺
18 遍照院
19 無量寺
20 金蓮寺
21 大御堂寺
22 大智院
23 正福寺
24 神宮寺
25 不動院
26 継松寺
27 常福寺
28 新大仏寺
29 大聖院
30 貞照寺
31 乙津寺
32 円鏡寺
33 華厳寺
34 大徳院
35 長福寺
36 興正寺
岐 阜
長 野
愛 知
静 岡
三 重
COURSE MAP

DATA

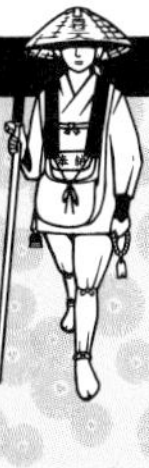

▶コースガイド

開創：平成2年（1990）
エリア：愛知県・岐阜県・三重県
コース全長：約980㎞
日程：車利用で4泊5日

【問い合わせ先】
大聖寺
愛知県犬山市犬山北白山5　☎0568-61-2583
http://www.36fudo.jp/

札所の宝生院は、大須観音として知られ、本尊は聖観音、脇侍が霊場本尊となる不動明王だ。第19番札所・無量寺は「ガン封じ寺」として多くの参拝者を集め、三重県伊賀市の第28番札所・新大仏寺は、境内に温泉が湧いている。

さまざまな特徴のある不動尊をゆっくりとめぐりたい。

伊豆八十八ヶ所霊場

●いずはちじゅうはちかしょれいじょう

弘法大師修行の土地をめぐる八十八ヶ所巡礼

素朴な伊豆の魅力を歩いて感じとろう

伊豆は今からおよそ1200年前、弘法大師が修行した土地。修善寺にある伊豆最古の温泉「独鈷（とっこ）の湯」は、弘法大師が修善寺を訪れた際、桂川で病んだ父親の体を洗う少年に出会い、「川の水では冷たかろう」と、手に持った独鈷杵で川中の岩を打ち砕き、霊泉を噴出させたという伝説が残っている。

伊豆八十八ヶ所霊場は、その伊豆半島に点在する札所めぐり。四国八十八ヶ所巡礼をこの地に写したことがはじまりと考えられる。発祥年代は不明だが、近年発見された資料により、江戸時代以前から巡礼が行われていたことは確実と考えられている。コース全長は約444キロ。

第24番札所

般若院（はんにゃいん）

静岡県熱海市伊豆山371-1

社宝の木造伊豆山権現立像は、国指定重要文化財。鎌倉時代の作。本堂の左手奥には、弘法大師自ら刻んだと伝えられる大師像が安置。

第4番札所

城富院（じょうふいん）

静岡県伊豆市中伊豆町城391

北條家五代の祈願所として開創。集落の最奥の高台にあり、のどかな山郷の風景が満喫できる。本尊は観世音菩薩。

第88番札所

修禅寺（しゅぜんじ）

静岡県伊豆市修善寺964

大同2年（807）、弘法大師が創建したと伝えられる、開創1200年を超える古刹。現在は曹洞宗寺院。本尊は大日如来。

弘法大師が修行したという、修善寺奥の院

車で効率的に回るのもいいが、海の幸や温泉など、伊豆の素朴な魅力を徒歩で堪能しながら巡礼するのもおすすめだ。必ずや大きな功徳がもたらされるだろう。

札所のなかには、住職が不在の寺院もある。他の札所で納経できることもあるので、事前に問い合わせを。

御朱印

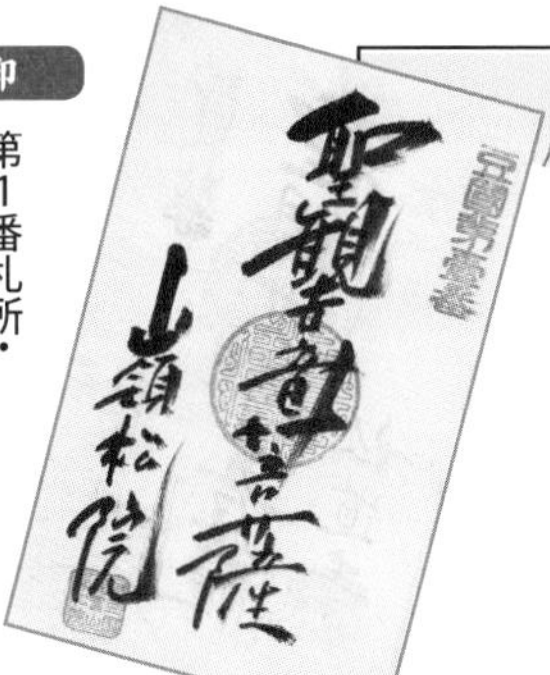

第1番札所・嶺松院の御朱印には本尊である「聖観世音菩薩」と書かれる

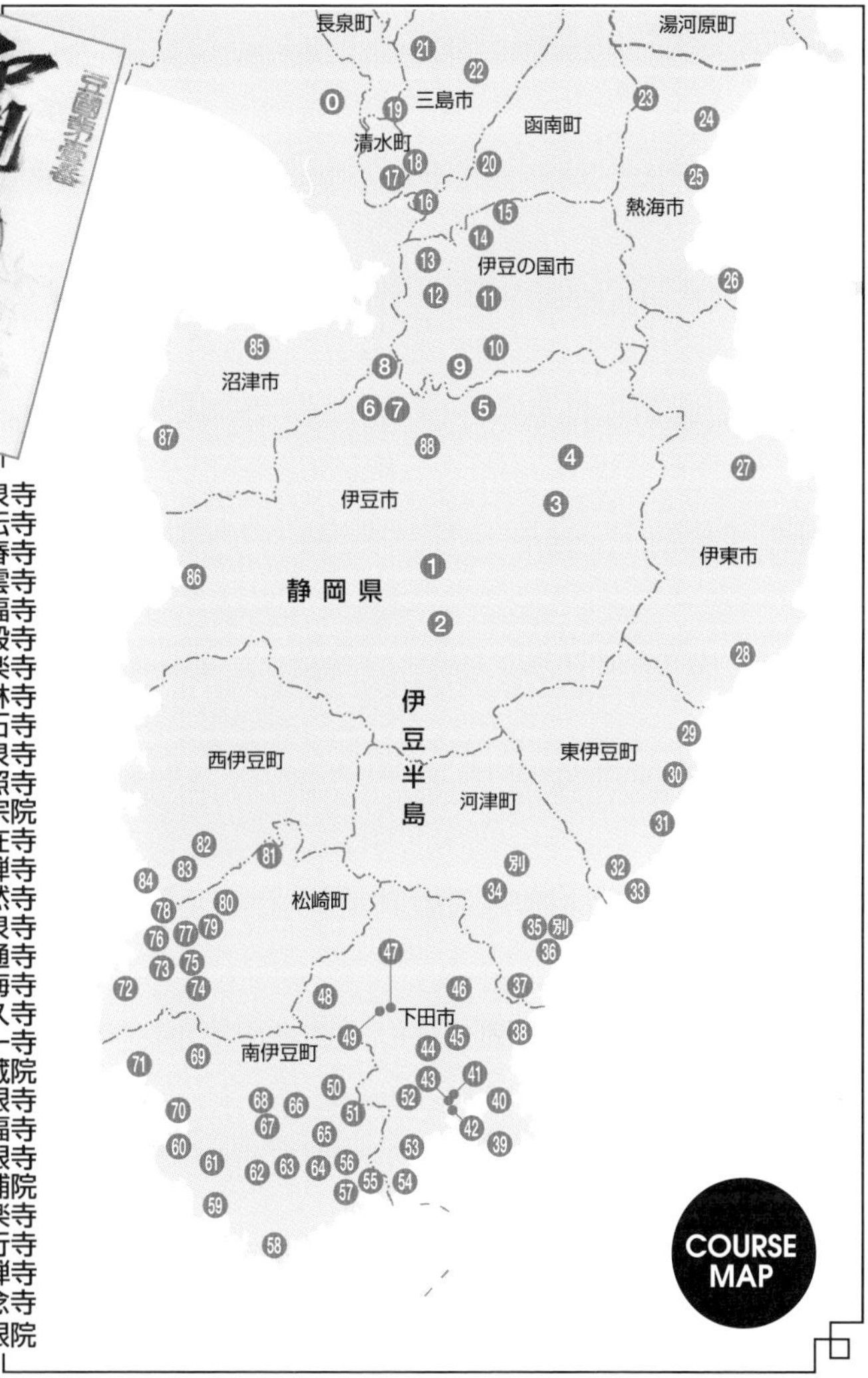

COURSE MAP

0 三明寺
1 嶺松院
2 弘道寺
3 最勝院
4 城富院
5 玉洞院
6 金剛寺
7 泉龍寺
8 益山寺
9 澄楽寺
10 蔵春院
11 長源寺
12 長温寺
13 北條寺
14 慈光院
15 高岩院
16 興聖寺
17 泉福寺
18 宗徳院
19 蓮馨寺
20 養徳寺
21 龍沢寺
22 宗福寺
23 東光寺
24 般若院
25 興禅寺
26 長谷寺
27 東林寺
28 大江院
29 龍豊院
30 自性院
31 東泉院
32 善應院
33 正定寺
34 三養院
35 栖足寺
36 乗安寺
37 地福院
38 禅福寺
39 観音寺
40 玉泉寺
41 海善寺
42 長楽寺
43 大安寺
44 広台寺
45 向陽院
46 米山寺
47 龍門院
48 報本寺
49 太梅寺
50 玄通寺
51 龍雲寺
52 曹洞院
53 宝徳院
54 長谷寺
55 修福寺
56 正善寺
57 青龍寺
58 正眼寺
59 海蔵寺
60 善福寺
61 法泉寺
62 法伝寺
63 保春寺
64 慈雲寺
65 最福寺
66 岩殿寺
67 安楽寺
68 東林寺
69 常石寺
70 金泉寺
71 普照寺
72 禅宗院
73 常在寺
74 永禅寺
75 天然寺
76 浄泉寺
77 円通寺
78 禅海寺
79 建久寺
80 帰一寺
81 宝蔵院
82 慈眼寺
83 東福寺
84 法眼寺
85 航浦院
86 安楽寺
87 大行寺
88 修禅寺
別 称念寺
別 慈眼院

DATA

▶コースガイド
開創：不詳
エリア：静岡県伊豆半島
コース全長：約444㎞
日程：車利用で約9日間、徒歩で約21日間

【問い合わせ先】
伊豆霊場振興会事務局（三明寺内）
静岡県沼津市大岡4051
☎055-929-2323
https://izu88.net

尾張三十三観音霊場

●おわりさんじゅうさんかんのんれいじょう

観音信仰の篤い尾張の国をぐるりと一巡する旅

名古屋から打ちはじめ名古屋に戻って結願

織田信長、豊臣秀頼など、多くの戦国武将を輩出した尾張国は、古くから庶民の観音信仰の篤い地域だ。西国三十三観音や坂東三十三観音など、全国各地の観音霊場には、いまでも愛知県からの巡礼者が多くいるという。

尾張三十三観音霊場は、名古屋市を中心とした旧尾張国に点在する観音霊場めぐり。開創されたのは江戸時代といわれているが、明治期の廃仏毀釈などで衰退し、一時は巡礼者が途絶えてしまった。

しかし、昭和33年（1958）、日本百観音（西国・坂東・秩父）に何度も足を運ぶなどした熱心な信仰家だった愛知県の長谷川勇夫妻が、参拝の途中に観音菩薩のお告げを

宝生院（ほうしょういん）
愛知県名古屋市中区大須2-21-47
大須観音として多くの庶民の信仰をお集める。もともと尾張国長岡庄大須郷（現在の岐阜県羽島市大須）にあったことが名前の由来。

笠覆寺（りゅうふくじ）
愛知県名古屋市南区笠寺町上新町83
笠寺観音と呼ばれる本尊は十一面観音。秘仏で8年ごとに開帳される。毎月6のつく日に開かれる「六の市」はとても賑やか。

興正寺（こうしょうじ）
愛知県名古屋市昭和区八事本町78
東海三十六不動尊霊場の結願所でもある。境内は東山遍照院、西山普門院に別れ、ともに多くの堂宇（どうう）が建ち並ぶ名刹だ。

第33番札所・興正寺の西山普門院にある五重塔

御朱印

第一番
奉納経
本尊聖観世音
大須観音
寶生院

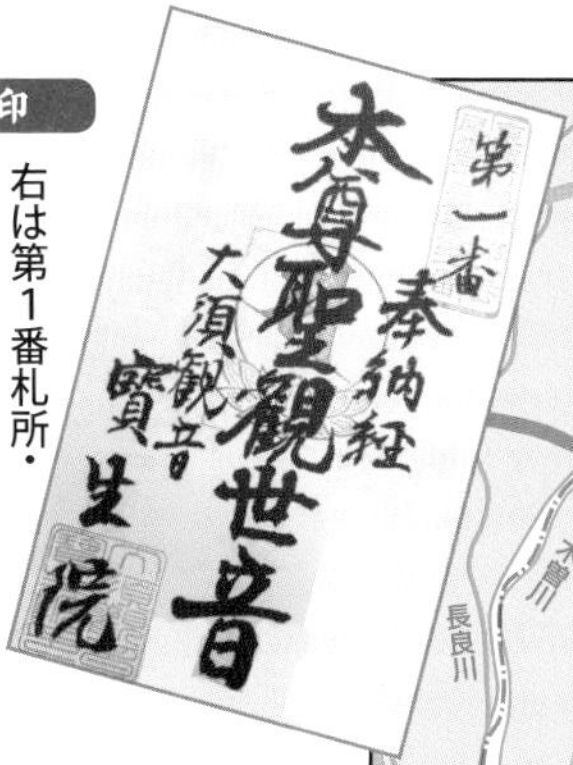

右は第1番札所・宝生院で「本尊聖観世音」、下は第33番札所・興正寺で「本尊正観世音菩薩」の文字

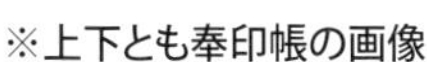

※上下とも奉印帳の画像

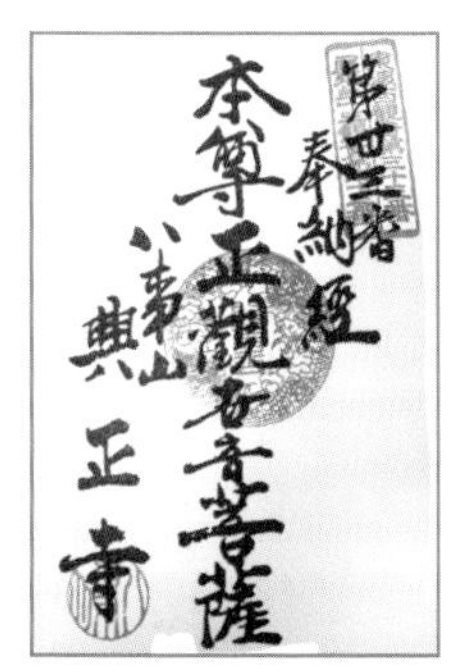

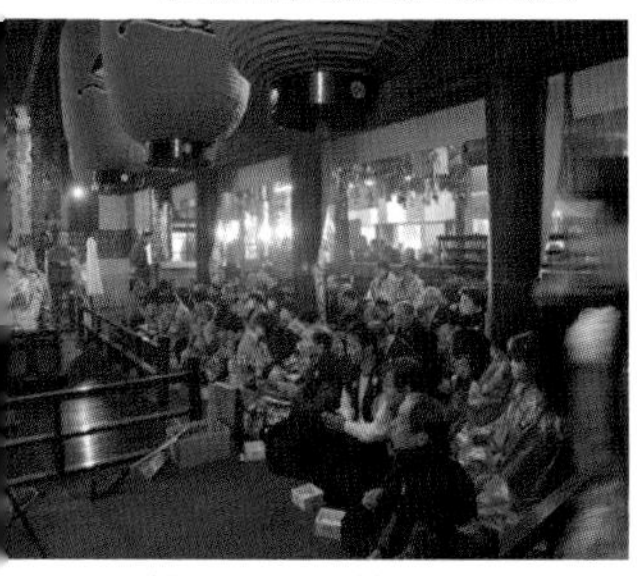

第卅三番
奉納経
本尊正観音菩薩
八事山
興正寺

第3番札所・笠覆寺の本堂内

岐阜県
三重県
愛知県
伊勢湾
東海北陸自動車道
中央自動車道
名神高速道路
東名高速道路
東名阪自動車道
名古屋環状道路第二
伊勢湾岸自動車道
知多半島道路
南知多道路
セントレアライン
木曽川
長良川
COURSE MAP
1 宝生院
2 長栄寺
3 笠覆寺
4 長楽寺
5 普門寺
6 洞雲院
7 岩屋寺
8 大御堂寺
9 斉年寺
10 大智院
11 荒尾観音
12 荒子観音
13 龍照院
14 弥富観音
15 廣済寺
16 甚目寺
17 萬徳寺
18 龍潭寺
19 桂林寺
20 寂光院
21 小松寺
22 陶昌院
23 玉林寺
24 龍音寺
25 龍泉寺
26 宝泉寺
27 慶昌院
28 長母寺
29 久国寺
30 善福院
31 聚福院
32 仏地院
33 興正寺

聞き、再興を果たした。

尾張三十三観音霊場は、名古屋市の大須観音（宝生院）から打ちはじめ、大府市、南知多町、常滑市、知多市などと進み、知多半島を一周。蟹江町、稲沢市、犬山市、小牧市、瀬戸市と名古屋周辺を時計回りして再び名古屋市内に戻る。愛知県一周の旅ができる。

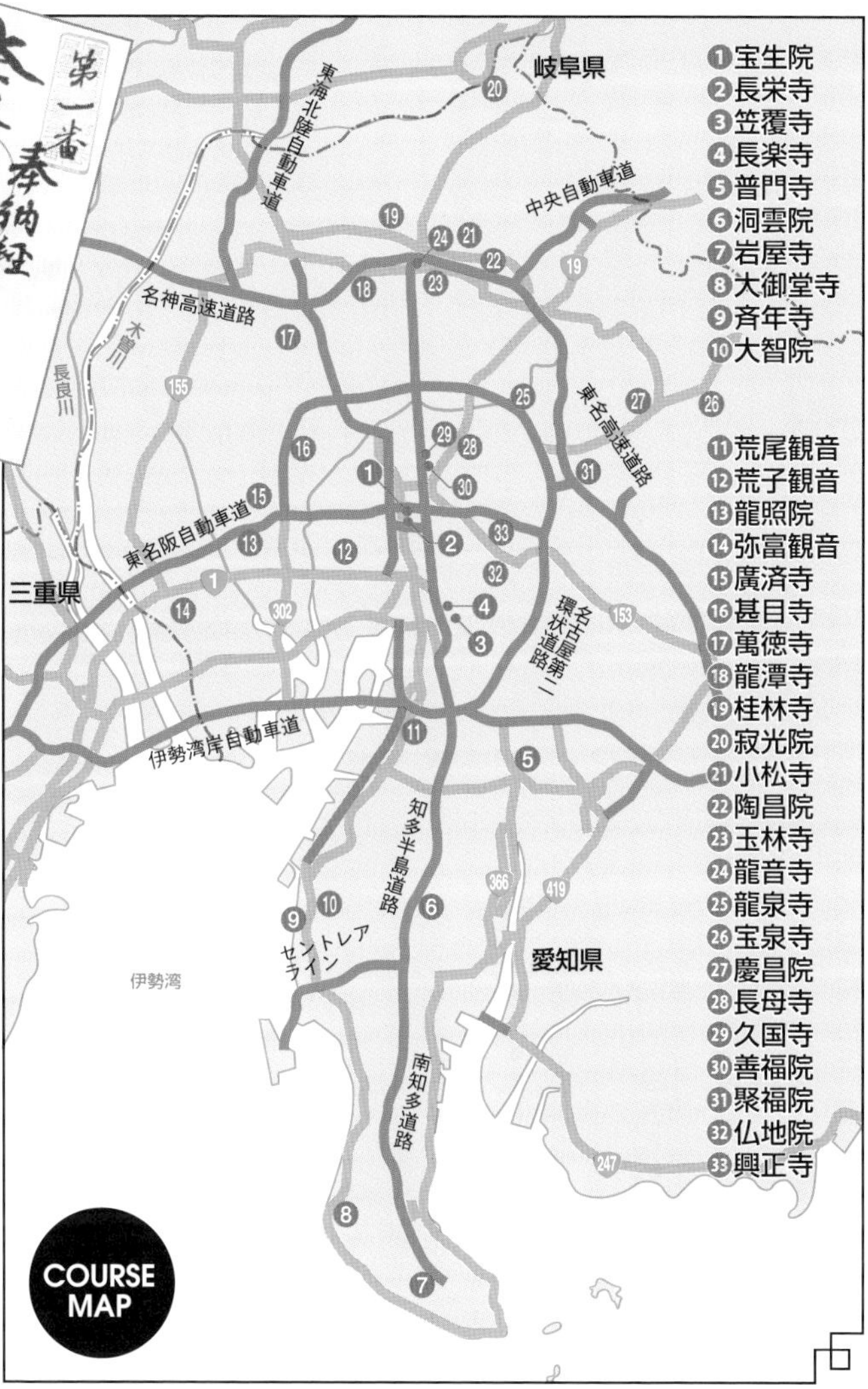

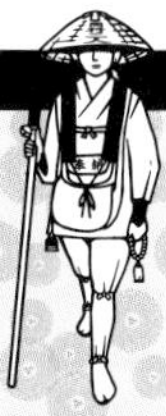

DATA

▶コースガイド

開創：江戸時代
エリア：愛知県
コース全長：未発表
日程：車利用で3泊4日

【問い合わせ先】

尾張三十三観音霊場会事務局（宝生院内）
愛知県名古屋市中区大須2-21-47
☎052-231-6525

「新四国」としてお遍路が集う人気霊場

知多四国八十八ヶ所霊場

●ちたしこくはちじゅうはちかしょれいじょう

巡礼者を弘法さんと呼び温かく迎えてくれる

弘法大師空海が諸国行脚の途中に知多半島に立ち寄った際、この地の景観が自ら修行した四国にあまりに似ていることに驚いたという。

知多四国八十八ヶ所霊場は、妙楽寺（番外開山所）住職の亮山阿闍梨が、文化6年（1809）年、弘法大師の夢告を受けたことに始まる。「四国に似ている知多に八十八ヶ所の霊場を開くことは我が悲願である」――。

亮山は四国に赴いて修行を重ね、ついに文政7年（1824）に当霊場を開創した。四国八十八ヶ所霊場の写しを「新四国」と呼ぶが、全国にいくつもある新四国の中でも、知多は人気の高さでその代表格の一つといえる。

第16番札所

平泉寺（へいせんじ）

愛知県知多郡阿久比町大字椋岡唐松29

平安初期の創建とされる古刹。源頼朝が父義朝の墓参の帰路に、わざわざ立ち寄ったという逸話もある。本尊の不動明王は霊験あらたかで有名。

極楽寺（ごくらくじ）

愛知県知多郡東浦町大字森岡字岡田51

境内には樹齢500年の大きな楠がそびえる。願いごとを念じながら、50センチほどの「抱き地蔵」を持ち上げると、祈願が成就するといわれる。

誓海寺（せいかいじ）

愛知県知多郡美浜町古布善切20

室町時代の創建という。境内には番外札所の禅林堂があるが、ここは亮山阿闍梨に力を貸し、知多四国開創に尽力した岡戸半蔵ゆかりのお堂だ。

番外岩屋山奥之院を参拝する「弘法さん」たち

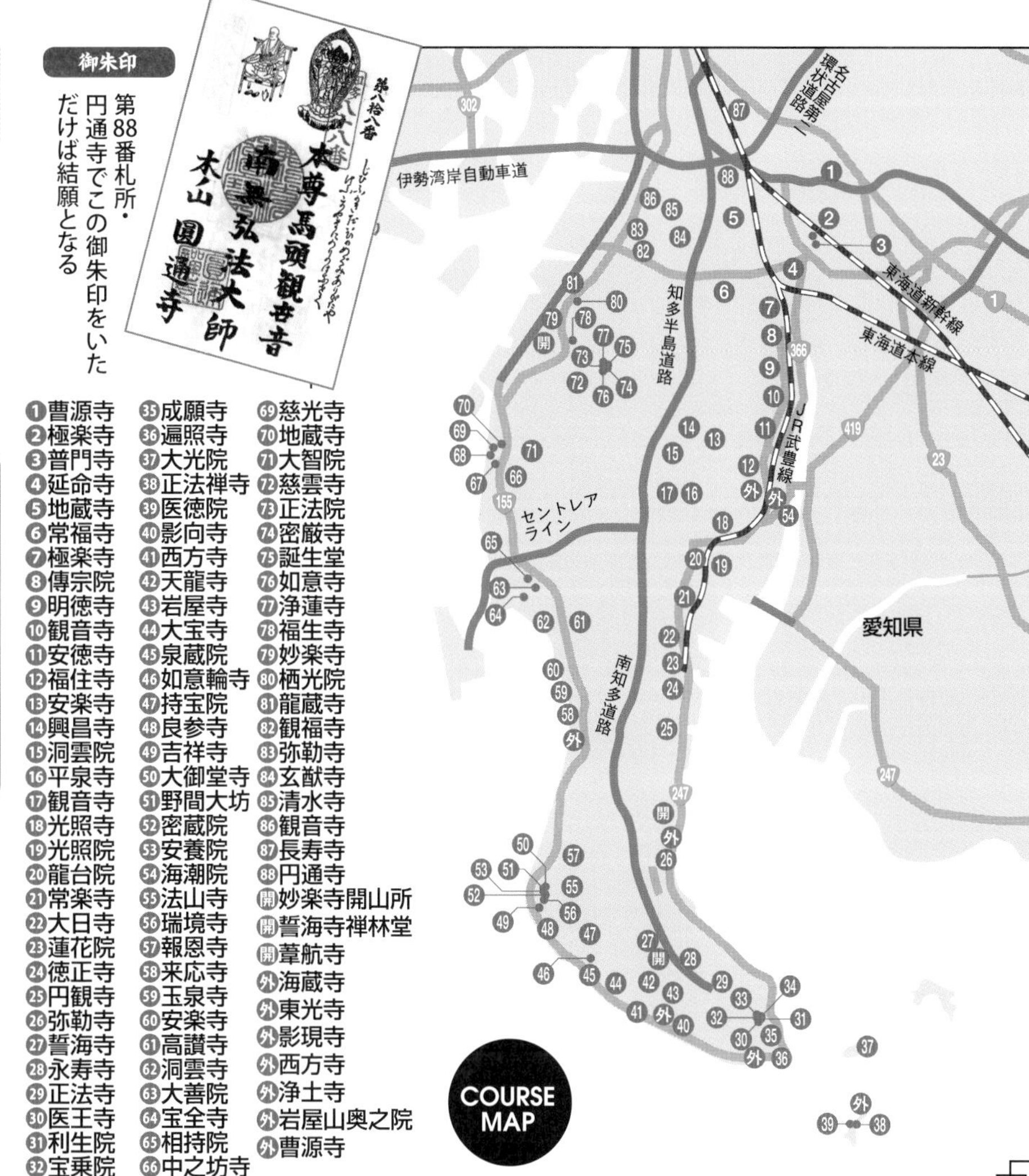

御朱印

第88番札所・円通寺でこの御朱印をいただけば結願となる

1 曹源寺
2 極楽寺
3 普門寺
4 延命寺
5 地蔵寺
6 常福寺
7 極楽寺
8 傳宗院
9 明徳寺
10 観音寺
11 安徳寺
12 福住寺
13 安楽寺
14 興昌寺
15 洞雲院
16 平泉寺
17 観音寺
18 光照寺
19 光照院
20 龍台院
21 常楽寺
22 大日寺
23 蓮花院
24 徳正寺
25 円観寺
26 弥勒寺
27 誓海寺
28 永寿寺
29 正法寺
30 医王寺
31 利生院
32 宝乗院
33 北室院
34 性慶院
35 成願寺
36 遍照寺
37 大光院
38 正法禅寺
39 医徳院
40 影向寺
41 西方寺
42 天龍寺
43 岩屋寺
44 大宝寺
45 泉蔵院
46 如意輪寺
47 持宝院
48 良参寺
49 吉祥寺
50 大御堂寺
51 野間大坊
52 密蔵院
53 安養院
54 海潮院
55 法山寺
56 瑞境寺
57 報恩寺
58 来応寺
59 玉泉寺
60 安楽寺
61 高讃寺
62 洞雲寺
63 大善院
64 宝全寺
65 相持院
66 中之坊寺
67 三光院
68 宝蔵寺
69 慈光寺
70 地蔵寺
71 大智院
72 慈雲寺
73 正法院
74 密厳寺
75 誕生堂
76 如意寺
77 浄蓮寺
78 福生寺
79 妙楽寺
80 栖光院
81 龍蔵寺
82 観福寺
83 弥勒寺
84 玄猷寺
85 清水寺
86 観音寺
87 長寿寺
88 円通寺
開 妙楽寺開山所
開 誓海寺禅林堂
開 葦航寺
外 海蔵寺
外 東光寺
外 影現寺
外 西方寺
外 浄土寺
外 岩屋山奥之院
外 曹源寺

知多四国は札所88寺のほか、開山所3寺、番外札所7寺を合わせた98寺で成り立ち、徒歩でも2週間前後で巡拝でき、初心者でもめぐりやすい。また、地元の人たちは、巡礼者を「弘法さん」と親しみを込めて呼び、温かく迎えてきた。その麗しき伝統が巡拝者を引き付けて止まない。

DATA

▶コースガイド

開創：文政７年（1824）
エリア：愛知県
コース全長：約194km
日程：徒歩で12日〜15日　車利用で２泊３日

【問い合わせ先】

知多四国霊場会事務局（良参寺内）
愛知県知多郡美浜町小野浦清水18
☎0569-87-0275　http:www.chita88.jp/

南知多三十三観音霊場

みなみちたさんじゅうさんかんのんれいじょう

知多半島の南端をめぐるコンパクトな巡礼

素朴な雰囲気を楽しみ徒歩でめぐってみたい

人気の知多四国八十八ヶ所霊場と同じ知多半島に点在する観音霊場。美しい海など、南知多ならではの風光明媚な景勝に加え、新鮮で美味しい魚介類、さらには多くの史跡もあり、観光的な雰囲気も味わえる巡拝といえる。

開創は昭和5年(1930)。西国三十三観音をこの地に写したことにはじまる。知多半島の南端にある美浜町の河和地区から、東海岸を下り篠島を経由。半島の先端・師崎から西海岸を上り、南知多町の内海までの総延長約45キロのコンパクトな行程だ。三十三ヶ寺に番外4ヶ寺を加え、全37ヶ寺で構成される。

車なら2日ですべての札所をまわることができるが、田舎の素朴な雰囲気を味わいつ

時志観音(ときしかんのん)

愛知県知多郡美浜町時志南平井86

400年以上前、知多半島の東に浮かぶ佐久島の漁師の網にかかり、海中から出現したという伝説をもつ十一面観音が霊場の本尊。

弥勒寺(みろくじ)

愛知県知多郡美浜町北方西側16

本堂奥の開山堂には、色鮮やかな天井絵や雲中供養菩薩が奉納されている。彼岸には地獄絵がご開帳されるので、これも必見。

松寿寺(しょうじゅじ)

愛知県知多郡南知多町篠島東山56

かつては末寺が6坊あり、西国大名の宿所になるなど、知多半島南端の三大名刹にも数えられていた。霊場の本尊は聖観音。

第1番札所・時志観音境内にある観音像は、25トンの1枚岩からつくられたという

第2番札所・弥勒寺本堂内部

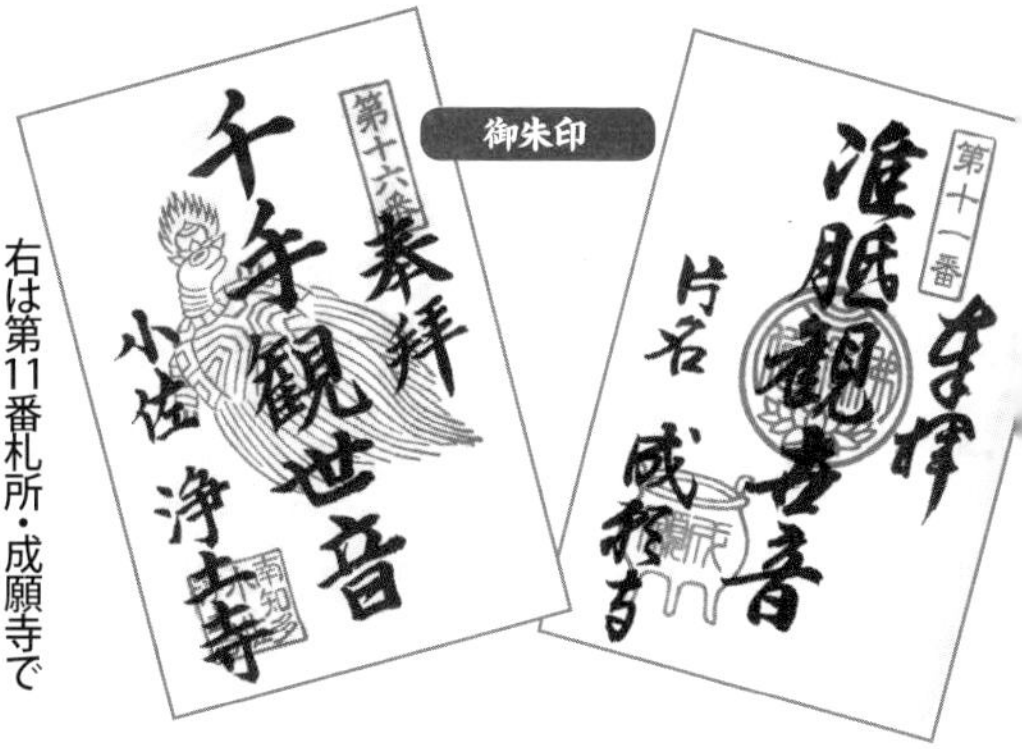

右は第11番札所・成願寺で「准胝観世音」、左は第16番札所・浄土寺で「千手観世音」の文字

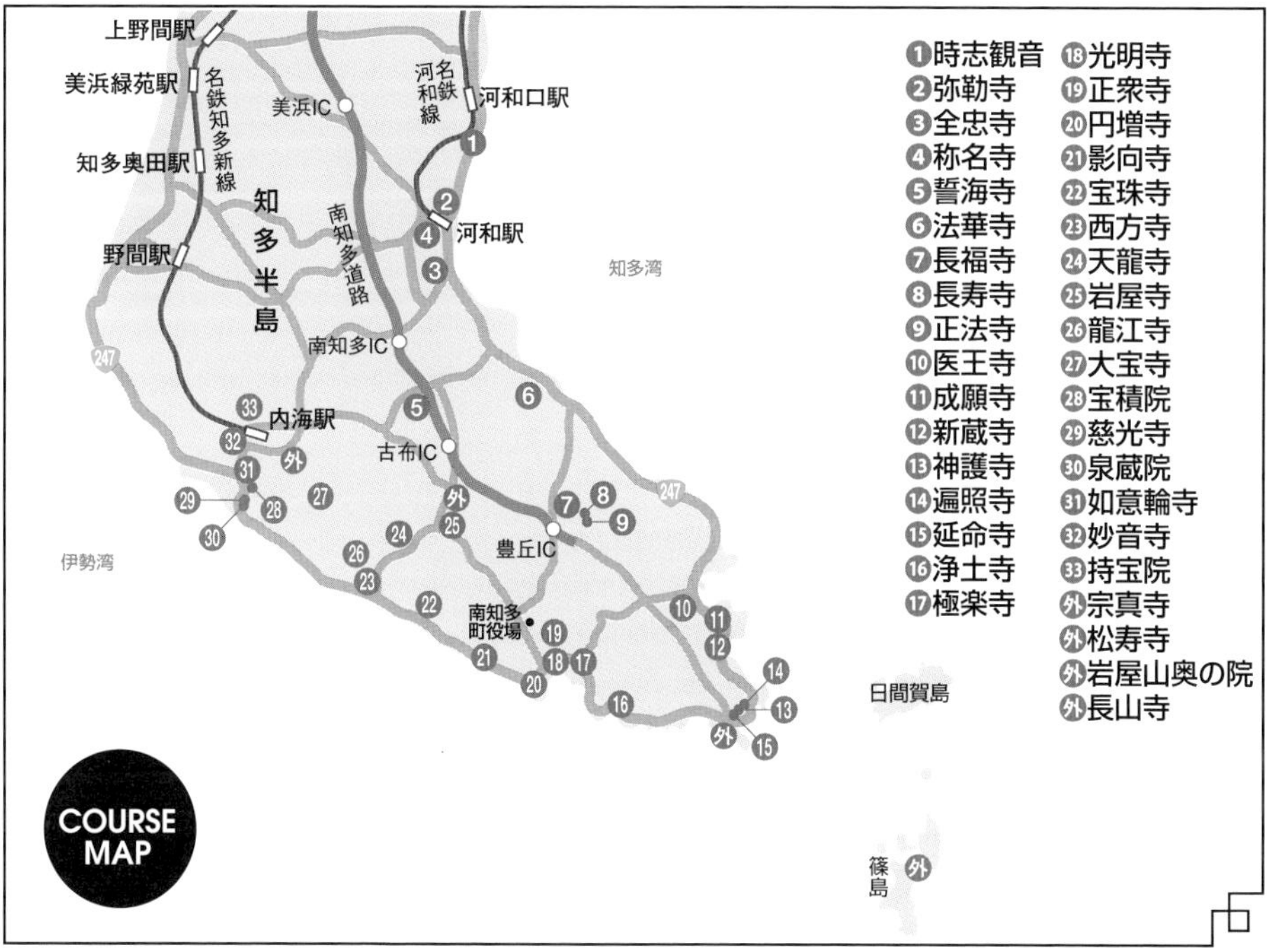

御朱印

COURSE MAP

❶時志観音
❷弥勒寺
❸全忠寺
❹称名寺
❺誓海寺
❻法華寺
❼長福寺
❽長寿寺
❾正法寺
❿医王寺
⓫成願寺
⓬新蔵寺
⓭神護寺
⓮遍照寺
⓯延命寺
⓰浄土寺
⓱極楽寺
⓲光明寺
⓳正衆寺
⓴円増寺
㉑影向寺
㉒宝珠寺
㉓西方寺
㉔天龍寺
㉕岩屋寺
㉖龍江寺
㉗大宝寺
㉘宝積院
㉙慈光寺
㉚泉蔵院
㉛如意輪寺
㉜妙音寺
㉝持宝院
外 宗真寺
外 松寿寺
外 岩屋山奥の院
外 長山寺

つ、3～4日かけてゆっくり徒歩でめぐるのもおすすめ。

第1番札所の時志観音から打ちはじめるのが本来の順序だが、都合のいい札所から打ちはじめればいいし、逆打ちもできる。毎年10月は奉讃期間として、各札所でご接待が受けられる。楽しみに訪れよう。

DATA

▶**コースガイド**
開創：昭和5年（1930）
エリア：愛知県
コース全長：約45㎞
日程：徒歩で3泊4日、車利用で1泊2日

【問い合わせ先】
南知多三十三観音霊場会事務局
（サポートセンター）
愛知県半田市栄町3-125　☎0569-21-2545
http://www.minami-chita33.jp/

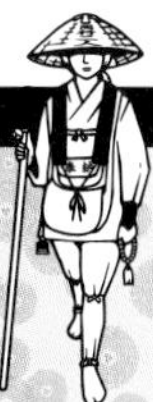

飛騨三十三観音霊場

●ひださんじゅうさんかんのんれいじょう

飛騨の美しい山並みに抱かれての巡拝

国分寺（こくぶんじ）

岐阜県高山市総和町1-83

聖武天皇の勅願で建立された飛騨一の古刹。本堂は室町中期の様式で、高山市内最古の建物。三重塔と大きなイチョウが目印。

第7番札所

清伝寺（せいでんじ）

岐阜県高山市江名子町561-1

眼光鋭い本尊の十一面観音は、斜め左右どちらから拝んでも常に拝む人のほうを向いているように見えるという。

安国寺（あんこくじ）

岐阜県高山市国府町西門前474

室町時代初期に建立された経蔵（きょうぞう）は、禅宗様に和様風が加わった建築様式。内部の輪蔵は日本最古のものだ。飛騨で唯一、国宝に指定。

12万体もの仏像を残した円空上人の足跡をたどる

寛永9年（1632）、今の岐阜県に生まれた円空上人は、生涯に12万体もの仏像を彫り、神社仏閣に納めたり、庶民に与えたりしながら全国を行脚したという。いまでも全国に4600体余りが残っており、そのうち岐阜県には1100体余り、さらに飛騨には750体ほどがある。

飛騨三十三観音霊場の札所33ヶ寺のうち22ヶ寺にも、その円空仏が残されている。霊場本尊の観音さまをお参りすると同時に、人間愛に満ちた豊かな微笑みをもつ円空仏を拝むことができるということが、この霊場めぐりの大きな魅力の一つだろう。

開創は平成2年（1990）と、比較的最近のこと。円空

第33番札所・千光寺の円空仏（両面宿儺）

❶国分寺
❷相応院
❸雲龍寺
❹素玄寺
❺善応寺
❻宗猷寺
❼清伝寺
❽正雲寺
❾大幢寺
❿霊泉寺
⓫安国寺
⓬汲月院
⓭寿楽寺
⓮慈眼寺
⓯洞泉寺
⓰円城寺
⓱光円寺
⓲恩林寺
⓳玄昌寺
⓴久昌寺
㉑金龍寺
㉒円城寺
㉓両全寺
㉔本覚寺
㉕永昌寺
㉖洞雲寺
㉗瑞岸寺
㉘桂峯寺
㉙禅通寺
㉚慈雲寺
㉛善久寺
㉜正宗寺
㉝千光寺

第七番札所・清伝寺「観自在」の文字が書かれた御朱印。左は飛騨三十三観音霊場用御朱印帳

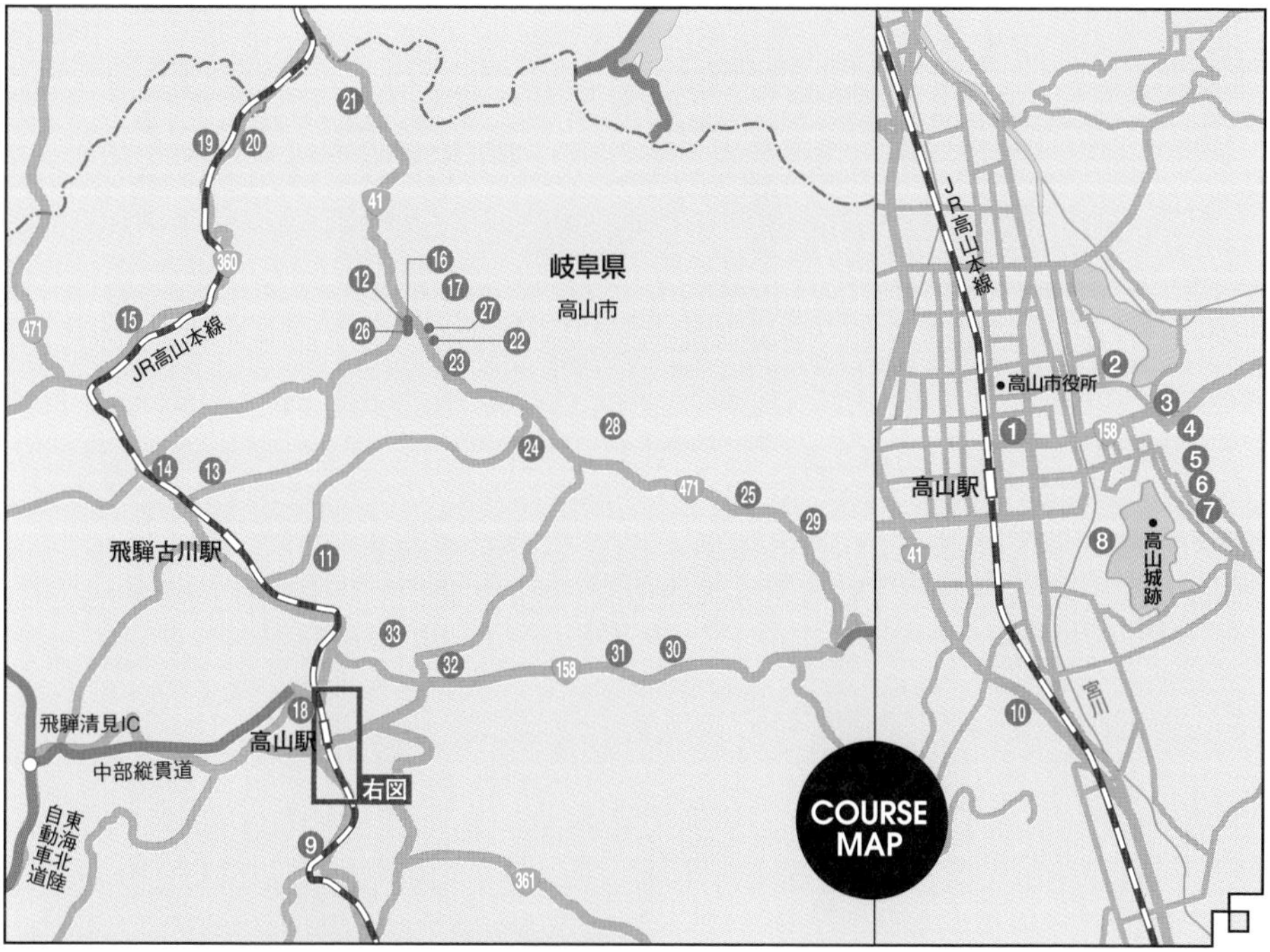

COURSE MAP

DATA

▶コースガイド
開創：平成2年（1990）
エリア：岐阜県
コース全長：約250km
日程：車利用で3泊4日
【問い合わせ先】
飛騨三十三観音霊場会事務局（清伝寺内）
岐阜県高山市江名子町561-1
☎0577-33-0839
hidakannon.jp

上人が歩んだ道をたどると銘打ち、高山市の第1番札所・国分寺からはじまり、国府町、飛騨市の古川町、宮川町、神岡町、高山市の上宝町、丹生川町をぐるりと一巡する。全行程は約２５０キロだ。

　木々が生い茂る飛騨の山並みを眺めながら、心のやすらぎを求めることができる。

北陸三十三観音霊場

●ほくりくさんじゅうさんかんのんれいじょう

霊峰白山の信仰をいまに伝える北陸の巡礼

福井、石川、富山と北陸三県の魅力を堪能

北陸三十三観音霊場は、福井県、石川県、富山県の各県それぞれ11ヶ寺と石川県内の特番2ヶ寺を加えた35ヶ寺で構成されている。そのほとんどは真言宗の寺院だ。開創は昭和54年（1979）で、いずれの札所も、霊峰白山とゆかりのある寺院とされている。

霊峰白山は、石川県と岐阜県にまたがる標高2702メートルの名山。白山信仰は、奈良時代の僧・泰澄大師が開いたといわれている。白山で修験道の修行を行い、それまで素朴な山岳信仰だった白山信仰に、初めて十一面悔過法（十一面観音に懺悔すること）を用いたと伝えられている。

この信仰に基づき、北陸三十三観音霊場の各札所は奈

第1番札所

中山寺（なかやまじ）

福井県大飯郡高浜町中山27-2

青葉山の中腹にあり、若狭湾の美しい高浜和田海岸を一望できる。本尊の馬頭観音は秘仏で、33年ごとにご開帳される。

第3番札所

妙楽寺（みょうらくじ）

福井県小浜市野代28-13

檜皮葺きの本堂は、鎌倉建築の様式を残す寄棟造りで、県内最古の木造建築物の一つ。本尊の千手観音は国指定重要文化財。

第4番札所

多田寺（ただじ）

福井県小浜市多田29-6

本尊の日光十一面観音は国指定重要文化財。ほのかなほほ笑みを漂わせ、「東洋のモナリザ」とも呼ばれる白鳳時代の傑作。

第1番札所・中山寺から若狭湾を望む

第1番札所・中山寺のある青葉山の風景

右は第5番札所・羽賀寺のもので「観世音」、左は第10番札所・大安寺の御朱印で「大悲殿」の文字

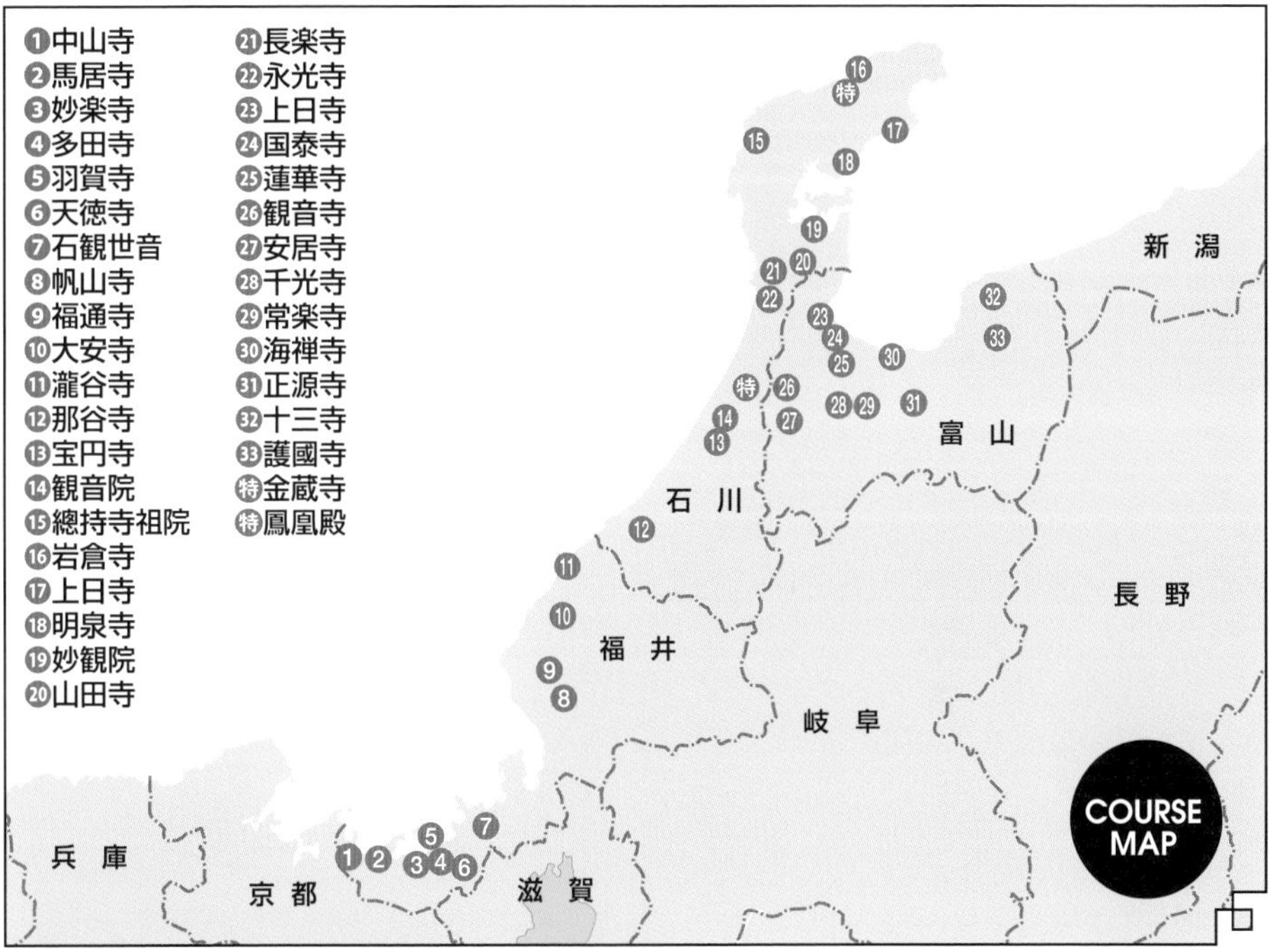

COURSE MAP

1. 中山寺
2. 馬居寺
3. 妙楽寺
4. 多田寺
5. 羽賀寺
6. 天徳寺
7. 石観世音
8. 帆山寺
9. 福通寺
10. 大安寺
11. 瀧谷寺
12. 那谷寺
13. 宝円寺
14. 観音院
15. 總持寺祖院
16. 岩倉寺
17. 上日寺
18. 明泉寺
19. 妙観院
20. 山田寺
21. 長楽寺
22. 永光寺
23. 上日寺
24. 国泰寺
25. 蓮華寺
26. 観音寺
27. 安居寺
28. 千光寺
29. 常楽寺
30. 海禅寺
31. 正源寺
32. 十三寺
33. 護國寺

- 特 金蔵寺
- 特 鳳凰殿

新潟 富山 石川 長野 福井 岐阜 兵庫 京都 滋賀

良時代に建立された寺院など、古刹が多い。若狭湾を望む福井県の中山寺から打ちはじめ、越前加賀海岸国定公園に指定されている海沿いを北上。石川県小松市、金沢市を経て能登半島を一巡。富山県に入って富山市、魚津市などをめぐって、下新川郡朝日町の護國寺が打ち止めとなる。

DATA

▶コースガイド

開創：昭和54年（1979）
エリア：福井県、石川県、富山県
コース全長：約1135㎞
日程：車利用で4泊5日～5泊6日

【問い合わせ先】
北陸観音霊場会事務局（中山寺内）
福井県大飯郡高浜町中山27-2 ☎0770-72-0753
http://www.hokurikukannonreijyoukai.jp/

観音霊場

新西国三十三所弘誓会

●しんさいごくさんじゅうさんしょぐぜいかい

霊峰立山への信仰心で名水の里をめぐる旅

第3番札所

日石寺（にっせきじ）

富山県中新川郡上市町大岩163

「大岩のお不動さん」と呼ばれ、親しまれている。本尊は不動明王。境内には国指定史跡の大岩日石寺石仏はじめ、三重塔などがある。

立山寺（りゅうせんじ）

富山県中新川郡上市町眼目15

建徳元年（1370年）建立の曹洞宗寺院。立山や立山信仰と関係が深い。戦国時代、上杉氏の越中進攻で伽藍（がらん）を焼失したが、後に復興した。

各願寺（かくがんじ）

富山県富山市婦中町長沢5692

婦中自然公園内にある1300年の歴史を誇る古刹。立山連峰が一望できる桜の名勝地で、近くには寺に縁ある前方後円墳などもある。

80年間開催されてきた御開帳法要は注目

新西国三十三所弘誓会は、富山県の東部、呉東地区にある寺院で構成される観音霊場。呉東観音霊場とも呼ばれる。名水の里と呼ばれる豊かな自然を愛でながらの巡礼で、霊峰立山への敬虔な信仰が今に生きる霊場めぐりだ。

立山信仰は、江戸時代前期にはすでに富士山・白山とともに日本三霊山の一つとして知られていたようだ。本州の真ん中には、この三山を巡拝する壮大な巡礼コース「三禅定」が存在し、主に中部地方、東海地方の人々によって明治時代まで盛んに行われてきたという。

新西国三十三所弘誓会は、昭和8年（1933）、富山地方鉄道の初代社長である佐

第3番札所・日石寺の境内。見どころが多い

第21番札所・護国寺の庭園。ツツジ、アジサイなど、四季折々の花が咲く

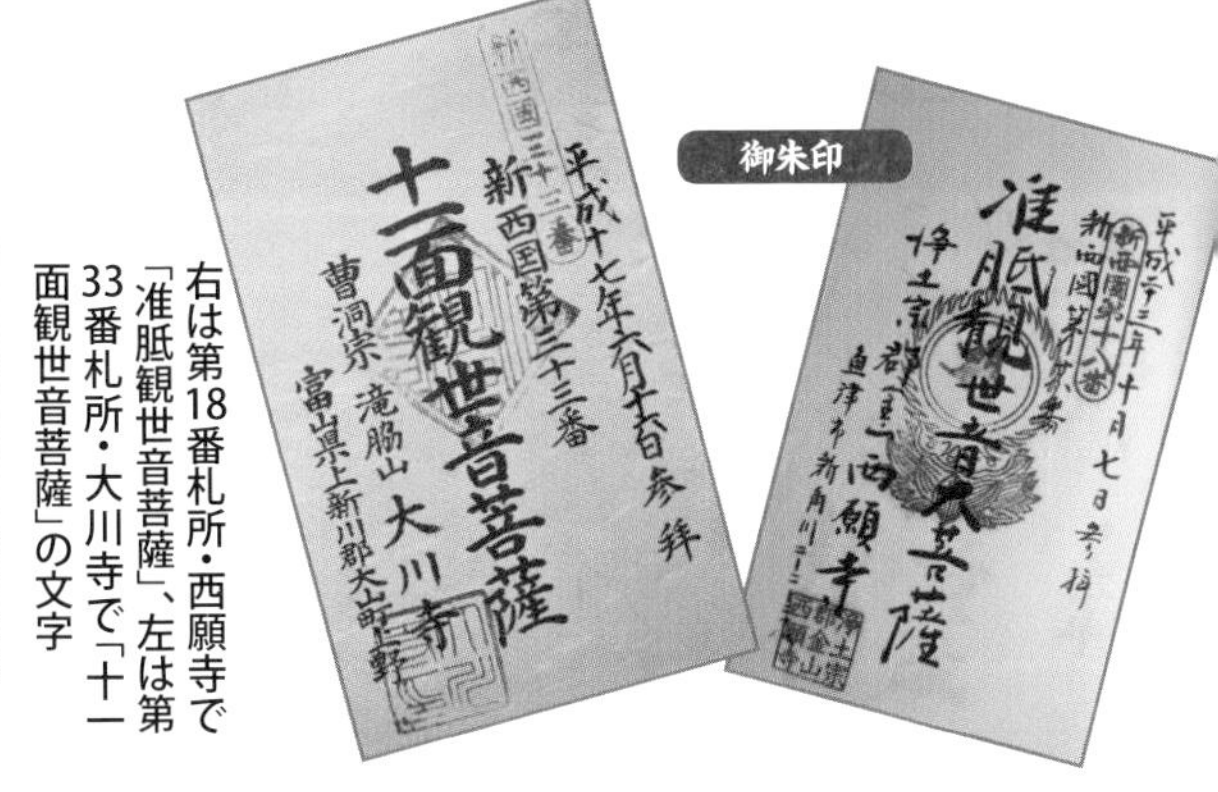

右は第18番札所・西願寺で「准胝観世音菩薩」、左は第33番札所・大川寺で「十一面観世音菩薩」の文字

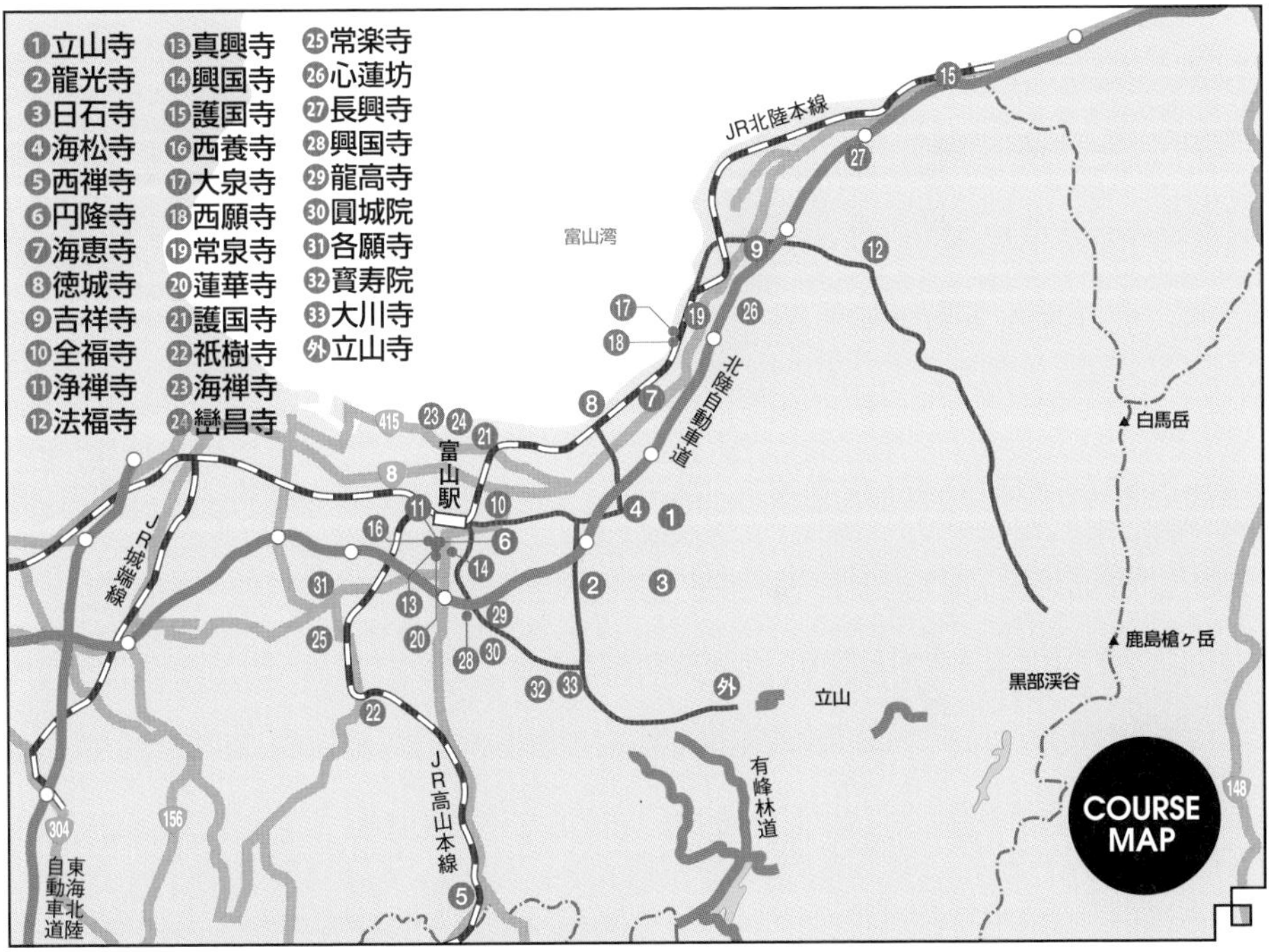

COURSE MAP

❶立山寺
❷龍光寺
❸日石寺
❹海松寺
❺西禅寺
❻円隆寺
❼海恵寺
❽徳城寺
❾吉祥寺
❿全福寺
⓫浄禅寺
⓬法福寺
⓭真興寺
⓮興国寺
⓯護国寺
⓰西養寺
⓱大泉寺
⓲西願寺
⓳常泉寺
⓴蓮華寺
㉑護国寺
㉒祇樹寺
㉓海禅寺
㉔戀昌寺
㉕常楽寺
㉖心蓮坊
㉗長興寺
㉘興国寺
㉙龍高寺
㉚圓城院
㉛各願寺
㉜寶寿院
㉝大川寺
外 立山寺

富山湾
JR北陸本線
北陸自動車道
富山駅
JR城端線
JR高山本線
東海北陸自動車道
白馬岳
鹿島槍ヶ岳
黒部渓谷
立山
有峰林道

伯宗義の提唱によって霊場会が創設された。以来、戦時中も途切れることなく90年にわたって連綿と継続されてきた。

毎年1回、33ヶ寺の各観音が一堂に集合する「御開帳法要」が行われる。

弘誓会の行事やイベントなどを広く知らしめる、ブログ形式での情報発信も盛んだ。

DATA

▶コースガイド
開創：昭和8年（1933）
エリア：富山県呉東地区
コース全長：未発表
日程：車利用で2〜3日

【問い合わせ先】
新西国三十三所弘誓会事務局（吉祥寺内）
富山県黒部市山田新2115　☎0765-52-2760
https://ameblo.jp/guzeikai33

観音霊場

西国三十三所

●さいこくさんじゅうさんしょ

今なお多くの巡礼者を集める最古の観音霊場

日本遺産に認定された草創1300年の札所

観音菩薩を祀る33の寺院を訪ねる西国三十三所は、全国にある札所の中でも、もっとも長い歴史を誇っている。

大和の長谷寺を開山した徳道上人は、奈良時代の養老2年（718）、病で仮死状態に陥った。そして冥界を支配する閻魔大王から、衆生救済のために33寺からなる観音霊場を開けとのお告げを受けた。

蘇生した上人は託宣に従い、近畿を中心に、33の寺院を選

第5番札所

葛井寺（ふじいでら）

大阪府藤井寺市藤井寺1-16-21

本尊の千手観音は1042本の手をもち、天平時代の傑作で国宝の指定を受ける。秘仏だが毎月18日にはご開帳。春にはフジの花が境内を美しく彩る。

第1番札所

青岸渡寺（せいがんとじ）

和歌山県東牟婁郡那智勝浦町那智山8

ユネスコの世界遺産に登録される古刹。もともとは熊野三山の一角として神仏習合の修験道場だったが、明治の神仏分離で那智大社と分離した。

第8番札所

長谷寺（はせでら）

奈良県桜井市初瀬731-1

桜、ボタン、アジサイ、紅葉など、四季折々の花が美しい、西国札所観音霊場の根本道場。長谷観音と花の御寺（みてら）として人気を博している。

第1番札所・青岸渡寺は、那智滝を中心とする自然信仰の道場

❶青岸渡寺
❷金剛宝寺（紀三井寺）
❸粉河寺
❹施福寺
❺葛井寺
❻南法華寺（壷阪寺）
❼岡寺（龍蓋寺）
❽長谷寺
❾興福寺南円堂
❿三室戸寺
⓫上醍醐准胝堂（醍醐寺）
⓬正法寺（岩間寺）
⓭石山寺
⓮三井寺（園城寺）
⓯今熊野観音寺
⓰清水寺
⓱六波羅蜜寺
⓲六角堂頂法寺
⓳革堂行願寺
⓴善峯寺
㉑穴太寺
㉒総持寺
㉓勝尾寺
㉔中山寺
㉕播州清水寺
㉖一乗寺
㉗圓教寺
㉘成相寺
㉙松尾寺
㉚宝厳寺
㉛長命寺
㉜観音正寺
㉝華厳寺

御朱印

第1番札所・青岸渡寺の御朱印。ここから巡礼がはじまる発願の札所だ

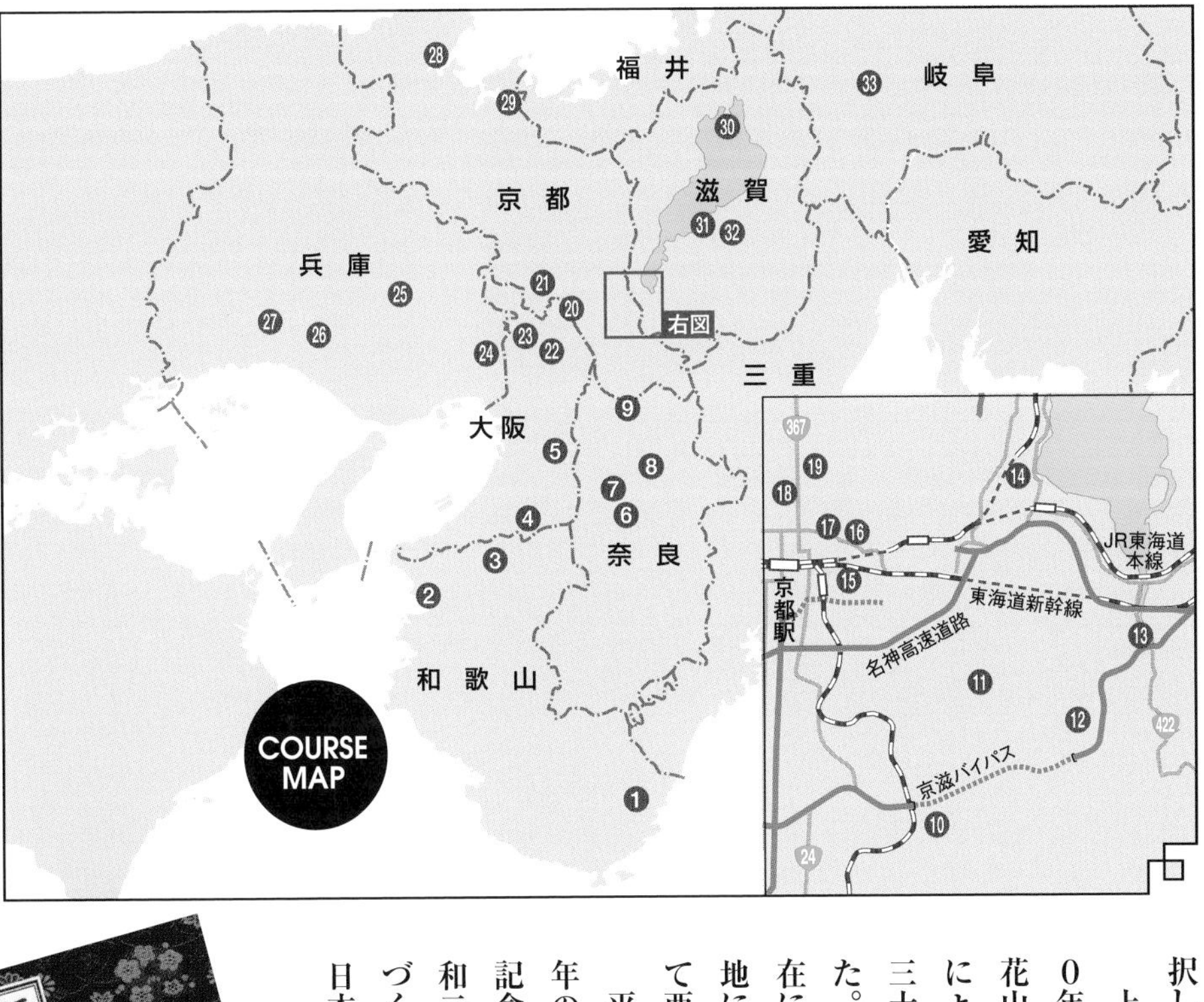

COURSE MAP

福井 岐阜 京都 滋賀 愛知 兵庫 三重 大阪 奈良 和歌山

右図

JR東海道本線 東海道新幹線 名神高速道路 京滋バイパス 京都駅

択し、霊場を設定したという。

上人の開創からおよそ270年後、熊野権現の命に従い、花山法皇が霊場を中興。これにより多くの巡礼者が西国三十三所をめぐるようになった。その後、発展を続け、現在に至っている。ちなみに各地にある三十三観音は、すべて西国三十三所の写しだ。

平成30年には草創1300年の節目を迎え、盛大に各種記念行事が催された。また令和元年には、「1300年つづく日本の終活の旅」として、日本遺産にも認定されている。

西国三十三所の納経帳

第33番札所・華厳寺の紅葉は見事。季節を合わせて参拝したい

古刹、名刹33寺で構成　総行程は1000キロ

西国三十三所は、関西の2府4県に岐阜県を加えた地域にまたがり、巡拝路の総距離は約1000キロにも及ぶ。

いずれも古代からの由緒を伝える33の著名寺院を訪ねるが、徳道上人、花山法皇ゆかりの法起院、元慶寺、花山院菩提寺の番外寺院を合わせて参拝する巡礼者も多い。なお、西国三十三所では、この番外3寺をめぐらなくても、33寺院だけで満願としている。

現在は歩き巡礼が少なくなり、マイカーやバスを利用する巡拝者がほとんどだ。さまざまなバスツアーが組まれているのも西国三十三所の特色で、先達さんが同乗し、丁寧に案内してくれるものもあるので、上手に利用しよう。

なお、結願したあと、長野の善光寺や比叡山延暦寺、高

石山寺(いしやまでら)

滋賀県大津市石山寺1-1-1

紫式部が参籠した寺として有名。本尊の如意輪観音は、安産、縁結び、厄除けなどに霊験あらたかと、篤い信仰を集めている。

六波羅蜜寺(ろくはらみつじ)

京都市東山区五条通大和大路上ル東

念仏を唱える口から6体の阿弥陀が現れた姿を模した空也上人像をはじめ、平安・鎌倉期の重要な木造仏を多数所蔵している。

華厳寺(けごんじ)

岐阜県揖斐郡揖斐川町谷汲徳積23

「たにぐみさん」の愛称で親しまれる西国結願霊場。西国札所のなかでもっとも東に位置している。桜や紅葉の名所としても知られている。

第1番札所・青岸渡寺の本尊・如意輪観音菩薩

右は第17番札所・六波羅蜜寺で「六波羅蜜」、左は第33番札所・華厳寺の御朱印

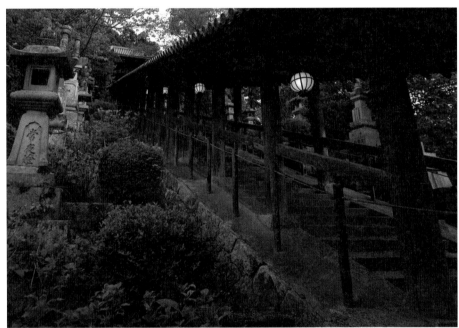

第8番札所・長谷寺は、四季折々の花が咲き乱れる花の御寺として親しまれている

野山奥の院、東大寺二月堂、大阪四天王寺から一つを選び、お礼参りをするべきとされるが、厳密にルール化されているわけではないようだ。

西国三十三所が終わったら、坂東三十三観音、秩父三十四所をめぐり、日本百観音を達成する人もいる。大きな目標として挑んでみてはどうか。

DATA

▶コースガイド

開創：奈良時代　エリア：和歌山県、大阪府、奈良県、京都府、滋賀県、兵庫県、岐阜県

コース全長：約1000㎞

標準日程：車利用で8〜10日

【問い合わせ先】

西国三十三所札所会　事務局

京都府京都市中京区新町通三条上ル町頭町112

菊三ビル501　☎075-744-6233

http://www.saikoku33.gr.jp/

その他

関西花の寺二十五カ所

●かんさいはなのてらにじゅうごかしょれいじょう

花が縁で集まった寺をめぐる美しい巡礼

10名以上のグループは住職の花説法が聞ける

昔から「ボタン寺」「アジサイ寺」など、「花の寺」と称される寺がある。関西花の寺二十五カ所霊場は、近畿2府4県の美しい花が咲く25ヶ寺が集まって結成したユニークな札所めぐりだ。名を連ねる25ヶ寺は、宗旨宗派の垣根を超え、花が縁でつながった寺というわけだ。

この札所めぐりは、25ヶ寺に咲く四季折々の花を媒介にして、一般の人とお寺との接点をつくり、それを契機に明るく健やかな社会づくりや人々の豊かな人生づくりに貢献できるように、との願いが込められている。

25ヶ寺にはそれぞれメインの花とサブの花がある。公式サイトでは、花の名前から霊

丹州華観音寺（たんしゅうはなかんのんじ）

京都府福知山市観音寺1067

梅雨時には約100種・1万株のアジサイが咲き誇る「丹波のアジサイ寺」。本尊は秘仏の十一面千手千眼観音で、次回開帳は平成42年。

第3番札所

金剛院（こんごういん）

京都府舞鶴市字鹿原595

モミやシイ、カシ、カエデ、アカマツなどの木の間越しに、本堂や三重塔が見え隠れする深山の中の隠れ寺。紅葉の時期は混雑が必至。

石光寺（せっこうじ）

奈良県葛城市染野387

4月中旬から5月上旬には春のボタン、11月下旬から1月中旬は寒ボタンが咲くボタン寺。5月初旬から中旬にかけてのシャクヤクも見事。

10名以上なら花説法が聞ける。申し込みは各寺院へ

花で有名な寺院をめぐる

右は第1番札所・丹州観音寺で「大悲殿」、左は第2番札所・楞厳寺のもので「瑠璃光殿」と書かれている

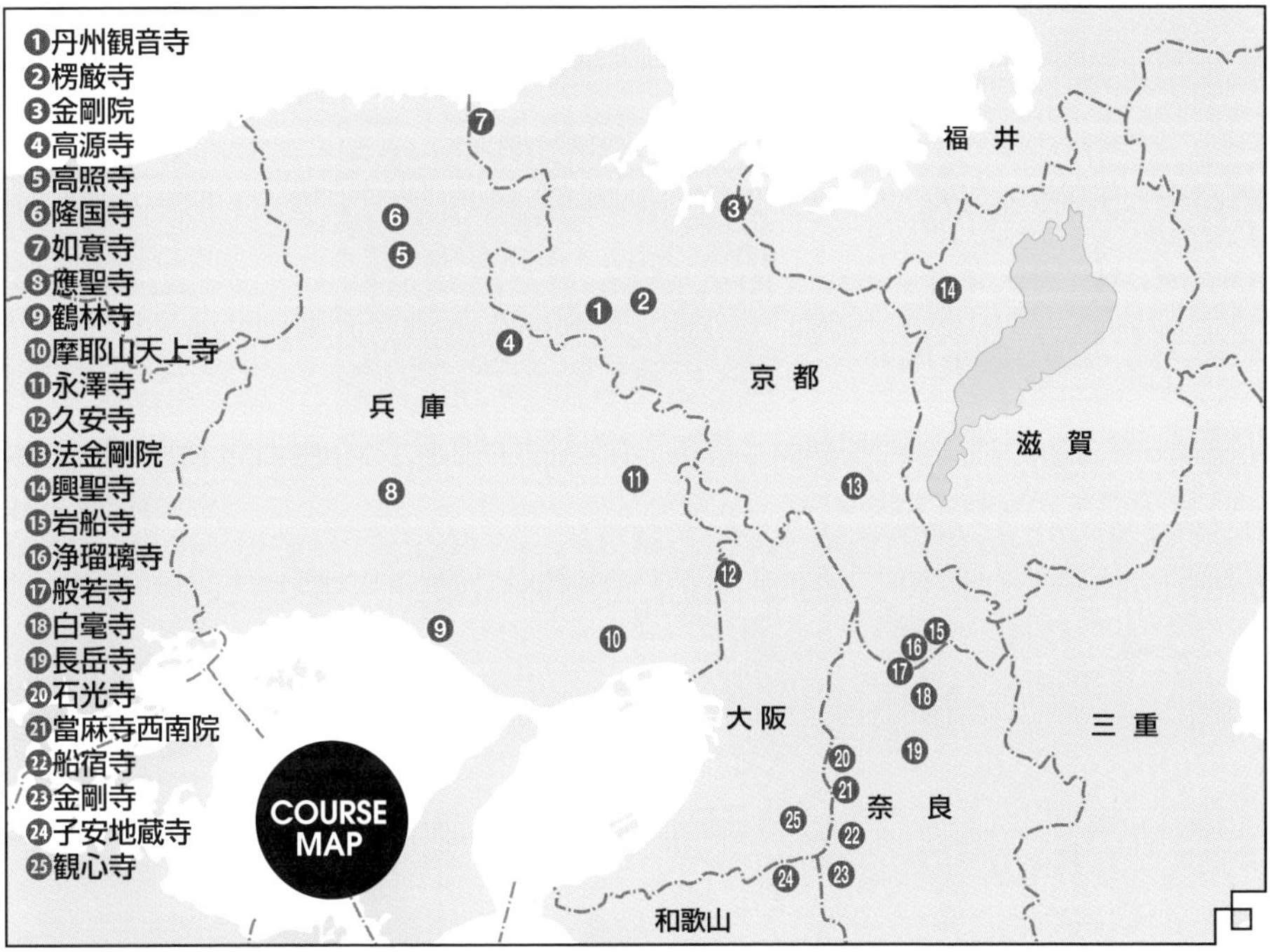

COURSE MAP

1. 丹州観音寺
2. 楞厳寺
3. 金剛院
4. 高源寺
5. 高照寺
6. 隆国寺
7. 如意寺
8. 應聖寺
9. 鶴林寺
10. 摩耶山天上寺
11. 永澤寺
12. 久安寺
13. 法金剛院
14. 興聖寺
15. 岩船寺
16. 浄瑠璃寺
17. 般若寺
18. 白毫寺
19. 長岳寺
20. 石光寺
21. 當麻寺西南院
22. 船宿寺
23. 金剛寺
24. 子安地蔵寺
25. 観心寺

福井 京都 兵庫 滋賀 大阪 三重 奈良 和歌山

場を検索することもできるので、季節に応じて花の見頃に合わせて一番美しい時期のお寺に参拝することができる。

10名以上のグループで巡拝すると、住職による「花説法」と呼ばれる法話を聴くことができる。花を愛でる心から人生訓まで、ユニークな話が巡拝者に喜ばれている。

DATA

▶コースガイド

開創：平成5年(1993)
エリア：大阪府、京都府、和歌山県、奈良県、滋賀県、兵庫県
コース全長：未発表
日程：車利用で4泊5日

【問い合わせ先】

関西花の寺二十五ヶ所霊場会事務局(高源寺内)
兵庫県丹波市青垣町桧倉514 ☎0795-87-5081
hana25.jp

その他

丹波古刹十五ケ寺霊場

たんばこさつじゅうごかじれいじょう

開創は新しいが寺歴1000年を超える名刹ばかり

丹波の素朴な雰囲気と古刹の温もりを味わう

丹波古刹十五ヶ寺は兵庫県丹波篠山市、丹波市、京都府福知山市に位置する15の寺院で構成される。

丹波地方には千年の歴史を有する寺院がいくつもあるが、この霊場に属する寺院も長い歴史をもち、まさに「古刹」ぞろいといっていい。

京都や奈良のように観光地化が進んでいないため、あまり知られていない寺院も多いが、いずれも見応えがある。

また、丹波にはいまでも豊かな自然とのどかな農村風景が残っており、日本の原風景を思わせる田舎の景色を楽しみながら霊場めぐりができることも、ここの魅力の一つだ。

公式サイトに「自然のやすらぎと　み仏のやさしさにつ

第6番札所

達身寺（たっしんじ）

兵庫県丹波市氷上町清住259

8世紀ごろ建立。独特な謎を秘めた仏像が多い。仏像はお腹の辺りが膨らんだ姿のものが多く、「達身寺様式」と呼ばれている。

龍蔵寺（りゅうぞうじ）

兵庫県丹波篠山市真南条上1474

創建は大化元年（645）。江戸時代には72坊、修行僧300人を擁する修験道場として名を馳せた。寺宝の三世三千仏図は丹波篠山市指定文化財。

清薗寺（せいおんじ）

兵庫県丹波市市島町下竹田68

用明天皇の第三皇子、麻呂子親王による大江山の鬼退治伝説ゆかりの寺。境内にある石灯籠は、県の重要文化財に指定されている。

第10番札所・白毫寺の九尺ふじの見頃は5月

御朱印

上は第3番札所・慧日寺で「慧日精舎」、下は第5番札所・石龕寺で「多聞天」の文字

第15番札所・観音寺仁王門と紫陽花

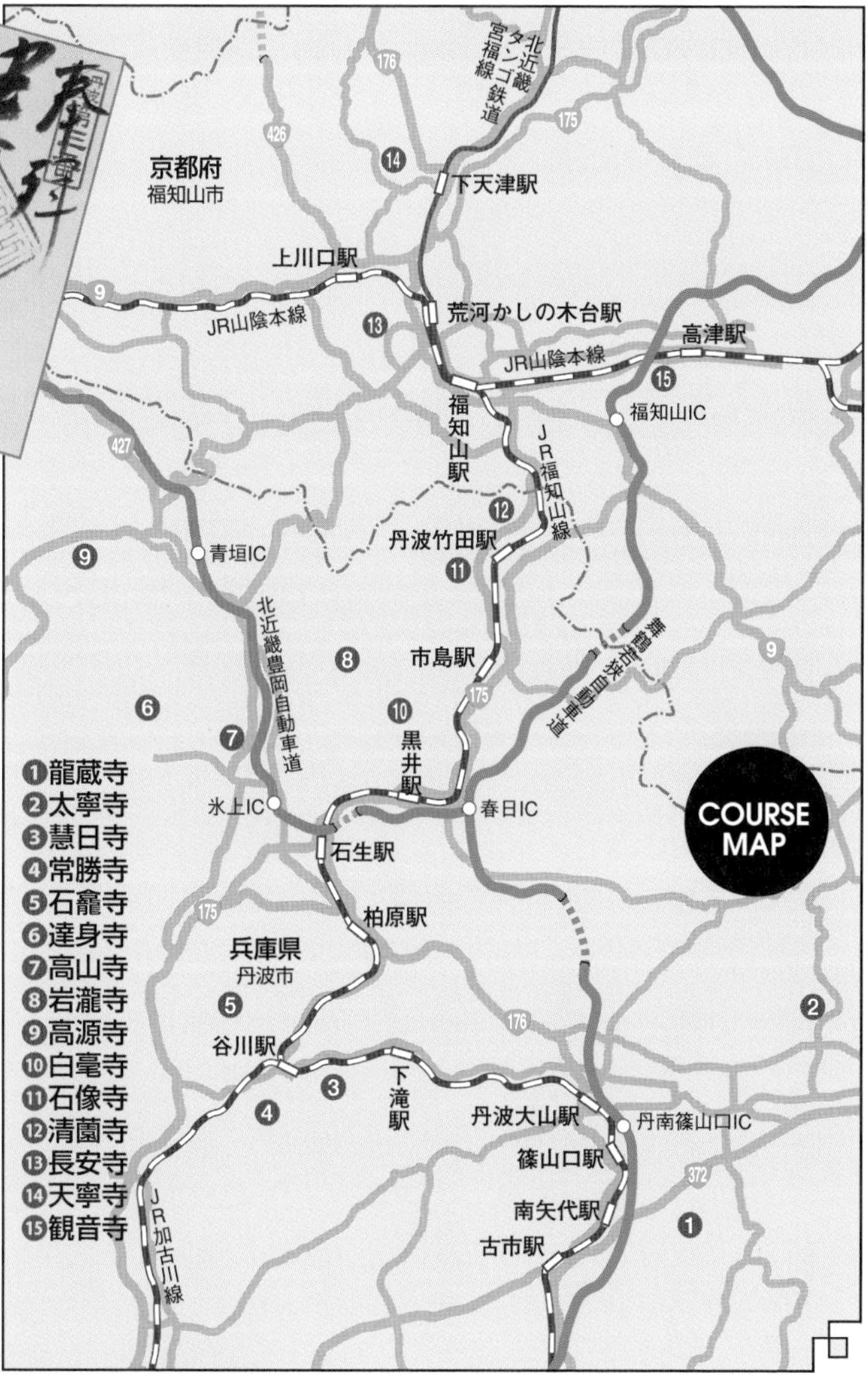

COURSE MAP

京都府
福知山市
兵庫県
丹波市

❶龍蔵寺
❷太寧寺
❸慧日寺
❹常勝寺
❺石龕寺
❻達身寺
❼高山寺
❽岩瀧寺
❾高源寺
❿白毫寺
⓫石像寺
⓬清薗寺
⓭長安寺
⓮天寧寺
⓯観音寺

北近畿タンゴ鉄道宮福線
下天津駅
上川口駅
JR山陰本線
荒河かしの木台駅
高津駅
福知山駅
福知山IC
JR福知山線
丹波竹田駅
青垣IC
北近畿豊岡自動車道
市島駅
舞鶴若狭自動車道
黒井駅
氷上IC
春日IC
石生駅
柏原駅
谷川駅
下滝駅
丹波大山駅
丹南篠山口IC
篠山口駅
南矢代駅
古市駅
JR加古川線

DATA

▶コースガイド
開創：平成7年（1995）
エリア：兵庫県・京都府
コース全長：約180km
日程：車利用で2日3泊

【問い合わせ先】
丹波古刹十五ヶ寺霊場会事務局（清薗寺内）
兵庫県丹波市市島町下竹田68　☎0795-86-0271
http://www.tanba-kosatsu15.jp/

つまれえた　丹波の古寺めぐり」とあるとおり、ゆったりとした旅になるだろう。

交通の便があまりよくないため、車での巡礼をおすすめしよう。しかし、決して急ぐ必要はない。咲く花や青空に漂う雲。さらに食事などを楽しみながら、のんびりと札所を訪ねるのがいい。

観音霊場

淡路島西国三十三ヶ所霊場

巡礼の島・淡路島で最古の札所めぐり

●あわじしこくさんじゅうさんかしょれいじょう

風光明媚な島の風景も楽しみながらの巡礼

瀬戸内海最大の島である淡路島。南北約53キロ、東西約キロ、周囲約203キロという島全域に点在するのが淡路島西国三十三ヶ所霊場だ。

開創は、応仁の乱直後の文明7年（1475）、淡路守護の細川成春によると伝えられている。以来、開創250周年にあたる平成7年（1995）、淡路西国霊場会が再興し、復興された。

もともと淡路島は、古くから巡礼の盛んな島。島内外の人たちは、特に五月の巡礼期には思い思いのグループで揃いの衣装を身につけ、札所めぐりをしたという。それは信仰の旅であるとともに、楽しい観光旅行でもあったようだ。

その淡路島で、もっとも古い歴史をもち、島民にもっと

第31番札所

常隆寺（じょうりゅうじ）

兵庫県淡路市久野々154

淡路三山の一つに数えられる、北淡路随一の名刹。県の天然記念物であるスダジイやアカガシなど、豊かな自然が残っている。

第18番札所

長林寺（ちょうりんじ）

兵庫県洲本市五色町都志万歳975

港を望む小高い丘の上に建つ。大宰府へと左遷された菅原道真が参拝し、「都を志す」と誓ったといい、以来ここは「都志」と呼ばれる。

第33番札所

観音寺（かんのんじ）

兵庫県淡路市岩屋開鏡

毎年1月第3日曜日に行われる湯立神楽が有名で、400年以上の歴史がある。観音寺が管理しているので、納経も同寺にて受け付け。

第1番札所・千光寺は淡路三山の一つで、高山信仰の聖地

御朱印

右は第5番札所・観音寺のもの。無住のため、納経は心蓮寺で。下は第19番札所・延長寺で「大悲殿」の文字

淡路富士の愛称もある、淡路島中央にある先山

COURSE MAP

1 千光寺
2 観音寺
3 大照寺
4 瀧水寺
5 観音寺
6 観音寺
7 真観寺
8 神仙寺
9 慈眼寺
10 観音寺
11 安楽寺
12 岩淵寺
13 岡山寺
14 感応寺
15 法華寺
16 安住寺
17 堺寺
18 長林寺
19 延長寺
20 普門寺
21 万福寺
22 安養寺
23 善福寺
24 法華寺
25 岩神寺
26 東山寺
27 鷲峰寺
28 西明寺
29 清水寺
30 月山寺
31 常隆寺
32 普済寺
33 観音寺

明石海峡大橋
淡路IC
東浦IC
北淡IC
神戸淡路鳴門自動車道
津名一宮IC
洲本IC
西淡三原IC
淡路島
淡路島南IC
鳴門海峡
沼島

も愛されてきたのが淡路島西国三十三ヶ所霊場だ。

昭和30年代までは歩いて巡礼する人たちが多かったが、いまでは車で移動するのが一般的になった。だが、美しい島の景観を眺めながら、ゆっくりめぐる巡礼の旅も捨てがたい。住職不在の札所もあり、事前に問い合わせをしよう。

DATA

▶コースガイド
開創：文明7年（1475）
エリア：淡路島
コース全長：約200㎞
日程：車利用で2泊3日

【問い合わせ先】
淡路西国霊場会事務局（千光寺内）
兵庫県洲本市上内膳2132　☎0799-22-0281
http://junreinotabi.net/

中国観音霊場

●ちゅうごくかんのんれいじょう

山陰・山陽の中国地方5県をめぐる壮大な旅

同じ名称という縁から中国の仏教会とも交流

中国観音霊場は、岡山・広島・山口・島根・鳥取の中国地方5県からなる観音霊場。霊験あらたかな観音菩薩の縁起をとどめた古寺名刹ばかり33ヶ寺に、4ヶ寺の特別霊場を加えた37札所で構成される。

中国山脈を挟み山陽と山陰を縦断する旅は、全行程約1500キロといわれる。同じ一つの観音巡礼といえども、地域ごとに文化や気候風土、人情も異なるし、名所旧跡や観光スポットも目白押しだ。御朱印の数が増えるたびに新しい発見をすることができるだろう。

中国観音霊場は、名称が同じ「中国」ということもあり、観音さまの聖地といわれる中国浙江省の舟山市普陀山仏教

明王院(みょうおういん)
広島県福山市草戸町1473
平安時代、弘法大師が開いたと伝えられる。本尊の十一面観音は、平安初期の一木彫の秀作といわれる。

西大寺(さいだいじ)
岡山県東区西大寺中3-8-8
千手観音を本尊とし、約1200年の歴史を持つ。広い境内に立派な堂塔伽藍が配され、多くの参拝者を迎える。裸まつりが有名だ。

三佛寺(さんぶつじ)
鳥取県東伯郡三朝町三徳1010
標高900メートルの三徳山の山頂に近い岩肌に、しがみつくように建てられた投入堂(国宝)が有名。天台宗修験道の古刹だ。

第10番札所・千光寺の本堂からは尾道水道が一望できる

山陽・山陰をめぐる長い巡礼だ

右は第1番札所・西大寺のもので「大悲殿」、左は第14番札所・大聖院で「十一面観音」の文字

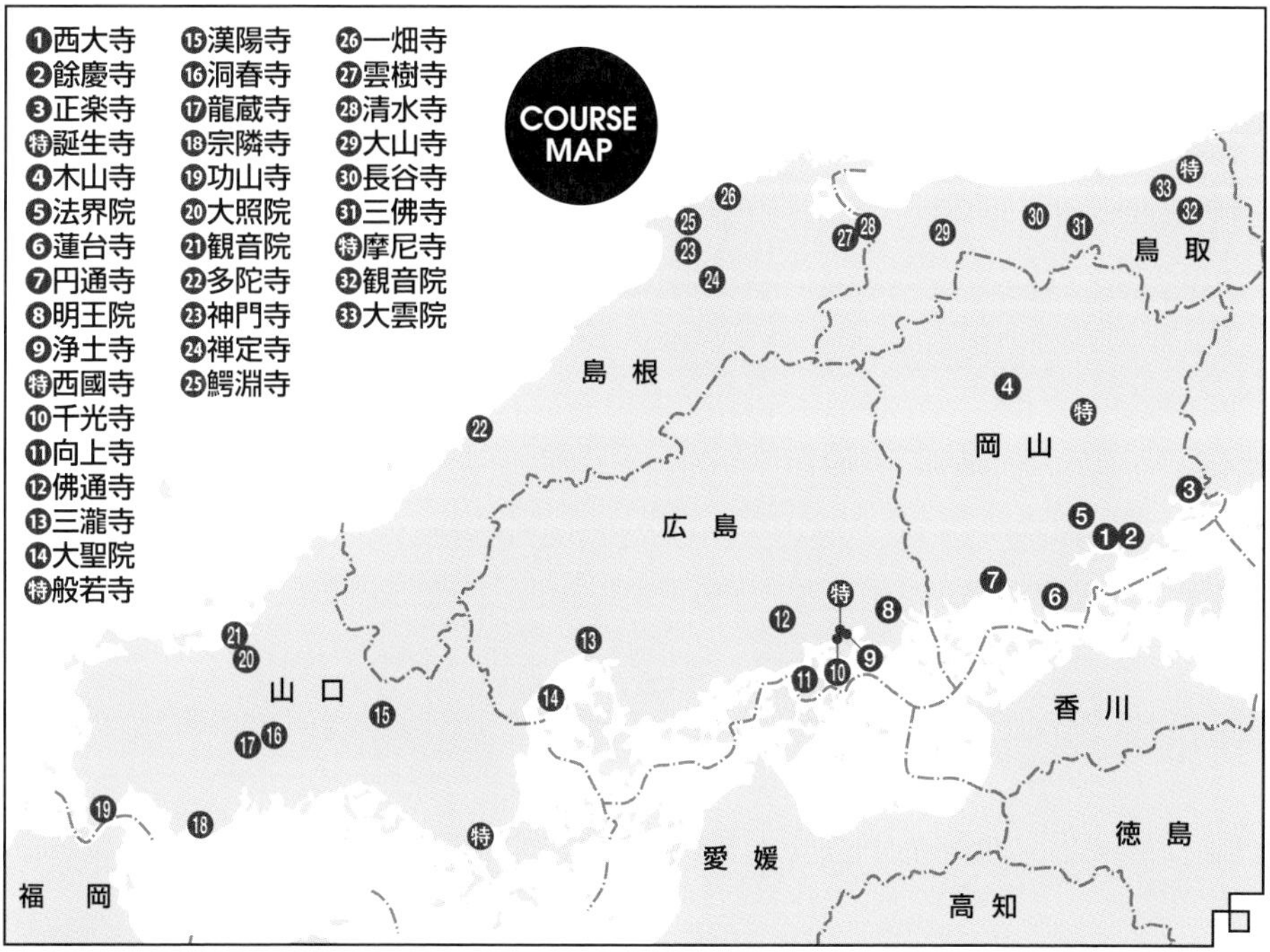

COURSE MAP

❶西大寺
❷餘慶寺
❸正楽寺
特誕生寺
❹木山寺
❺法界院
❻蓮台寺
❼円通寺
❽明王院
❾浄土寺
特西國寺
❿千光寺
⓫向上寺
⓬佛通寺
⓭三瀧寺
⓮大聖院
特般若寺
⓯漢陽寺
⓰洞春寺
⓱龍蔵寺
⓲宗隣寺
⓳功山寺
⓴大照院
㉑観音院
㉒多陀寺
㉓神門寺
㉔禅定寺
㉕鰐淵寺
㉖一畑寺
㉗雲樹寺
㉘清水寺
㉙大山寺
㉚長谷寺
㉛三佛寺
特摩尼寺
㉜観音院
㉝大雲院

鳥取 島根 岡山 広島 山口 香川 徳島 愛媛 高知 福岡

協会と、互いに観音像や石仏を奉納・安置したり、参拝者を受け入れたりするなど、交流を深めている。

霊場会は令和3年に開創40周年を迎え、各札所は地域を代表する由緒ある大寺院が多い。それぞれの寺の歴史をかみしめながらめぐれば、巡礼旅の趣がいっそう増すはずだ。

DATA

▶コースガイド
開創：昭和56年（1981）
エリア：岡山県、広島県、山口県、島根県、鳥取県
コース全長：約1500km
日程：車利用で5泊6日
【問い合わせ先】
中国観音霊場会事務局（誕生寺内）
岡山県久米郡久米南町里方808　☎086-728-2102
www.kannon.org

中国四十九薬師霊場

●ちゅうごくしじゅうくやくしれいじょう

中国地方の薬師如来をめぐり心身の健康を願う

多くの県にまたがり観光的な見どころ多数

薬師如来は、衆生の病苦を救うとして、広く庶民の信仰を集める仏だ。仏教の伝来とともに、わが国に最初に入ってきたのがこの仏さまといわれている。最近では、心の病からの救いを求める人が増えているという。

中国四十九薬師霊場は、中国地方の5県をぐるりと一巡する霊場だ。開創は新しく、平成9年（1997）のこと。広島県の因島にある、17番・見性寺、18番・光明寺、19番・薬師寺などが中心となり、宗派の違いを超えて中国地方の薬師霊場を創設した。

岡山県の大村寺で打ちはじめ、岡山県内10ヶ寺、広島県内12ヶ寺、山口県内11ヶ寺、島根県内6ヶ寺、鳥取県内10

第19番札所

薬師寺（やくしじ）
広島県尾道市因島原町878
境内には鎌倉時代の七重石塔婆や室町時代の板碑がある。本尊の薬師如来は秘仏で、50年に一度ご開帳される。

第17番札所

見性寺（けんしょうじ）
広島県尾道市因島大浜2213
因島大橋のたもとにある曹洞宗寺院。本尊は室町時代に作られたという薬師如来。見事なお姿をしている。

第22番札所

大願寺（だいがんじ）
広島県廿日市市宮島町3
人気観光スポット安芸の宮島にある真言宗寺院。神仏分離令によって厳島神社から移された弁才天像など、宝物を多数所蔵している。

第37番札所・延命寺の薬師如来象

❶大村寺
❷薬師院
❸勇山寺
❹福王寺
❺長雲寺
❻普光寺
❼佛教寺
❽恩徳寺
❾久昌寺
❿日光寺
⓫東福院
⓬國分寺
⓭徳雲寺
⓮日光寺
⓯薬師寺
⓰西国寺
⓱見性寺
⓲光明寺
⓳薬師寺
⓴浄福寺
㉑不動院
㉒大願寺
㉓渓月院
㉔法瀧院
㉕月輪寺
㉖興隆寺
㉗広沢寺
㉘常福寺
㉙長徳寺
㉚覚天寺
㉛東光寺
㉜向徳寺
㉝円政寺
㉞長福寺
㉟延命寺
㊱神宮寺
㊲延命寺
㊳常栄寺
㊴安國寺
㊵安國寺
㊶長昌寺
㊷大日寺
㊸皆成院
㊹宝泉寺
㊺座光寺
㊻最勝院
㊼東源寺
㊽大樹寺
㊾森福寺

御朱印

右は第13番札所・徳雲寺、左は第21番札所・不動院のもの。ともに薬師如来の文字

COURSE MAP

鳥取 島根 岡山 広島 山口 香川 愛媛 徳島 高知 福岡

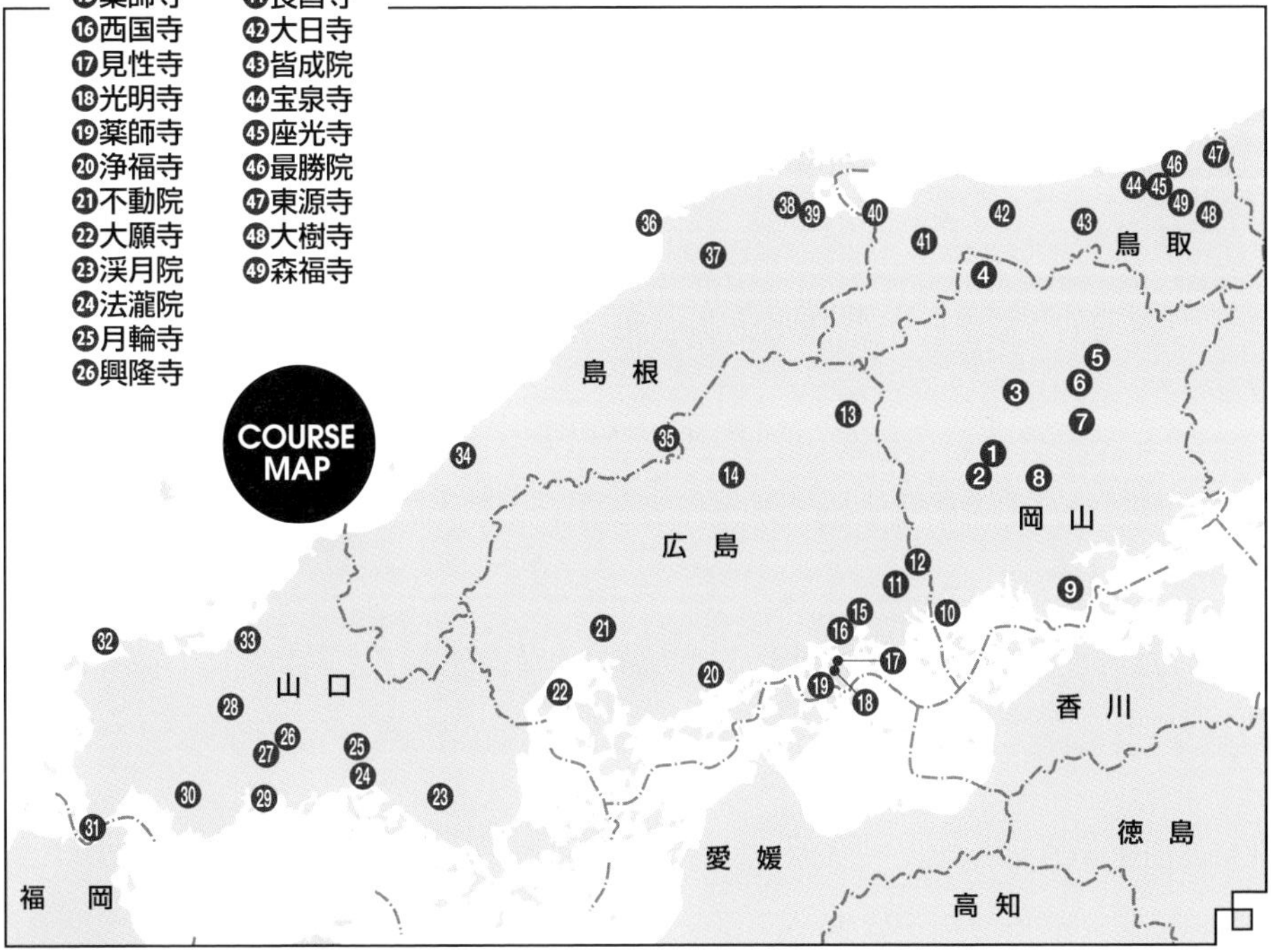

ヶ寺で構成されている。

全行程は未発表だが、1500キロ以上はあるだろう。自分の都合に合わせ、日帰りや2泊程度の巡礼を何回か行うのが効率的だろう。多くの県にまたがる札所めぐりだけに、それぞれの地域ごとに観光スポットや郷土料理など、旅の楽しみは豊富にある。

DATA

コースガイド
開創：平成9年（1997）
エリア：岡山県、広島県、山口県、島根県、鳥取県
コース全長：未発表
日程：車利用で2泊3日を3回

【問い合わせ先】
中国四十九薬師霊場会事務局　☎0120-089432
https://www.tyuugoku49yakushi.com

瀬戸内三十三観音霊場

せとうちさんじゅうさんかんのんれいじょう

瀬戸内海を望み穏やかな気持ちになれる巡礼

広島、岡山、兵庫の3県を縦走する旅

瀬戸内三十三観音霊場は、昭和60年（1985）3月3日、兵庫県西部（播磨）、岡山県（備前・備中）、広島県東部（備後）の3地域の、観音さまを安置する33ヶ寺が結集して開創した霊場だ。

穏やかで美しい瀬戸内海を望む札所、緑あふれる山中にたたずむ札所、賑やかな都市部にある札所など、変化に富んだ寺院が集まっている。

観音さまは人の心の渇き、悩みを摂取して、潤いを与えて心を癒してくれる大慈悲の仏さまだ。

三十三観音霊場は、平安時代末に近畿地方で成立し、その後各地に広まった。庶民にもっとも親しまれている観音さまは、現代にあっても人々

第18番札所

本性院（ほんじょういん）

岡山県倉敷市玉島黒崎4595

水島灘に面した岬に立つ古刹だ。境内には樹齢300年余という倉敷市指定天然記念物「雨笠松」が枝を雅に広げる。本尊は千手千眼観音。

光明寺（こうみょうじ）

岡山県備前市三石148

明治18年（1885）、明治天皇がご巡幸の際に泊まられ、山門をくぐった正面には「明治天皇行在所」の碑が立つ。本尊の十一面観音菩薩は秘仏。

神宮寺（じんぐうじ）

広島県尾道市向島町1206

戦国期に勇名を馳せた、因島村上水軍の村上吉満が菩提寺にした。境内には弘法大師の修行大師像、御野宿大師像ほか、多くの石仏が置かれる。

第22番札所・寒水寺の見事な庭園

第13番札所・頼久寺の庭園は国の名勝に指定されている

右は第1番札所・不洗観音寺のもので「大悲殿」、左は第13番札所・頼久寺のもので「仏心」の文字

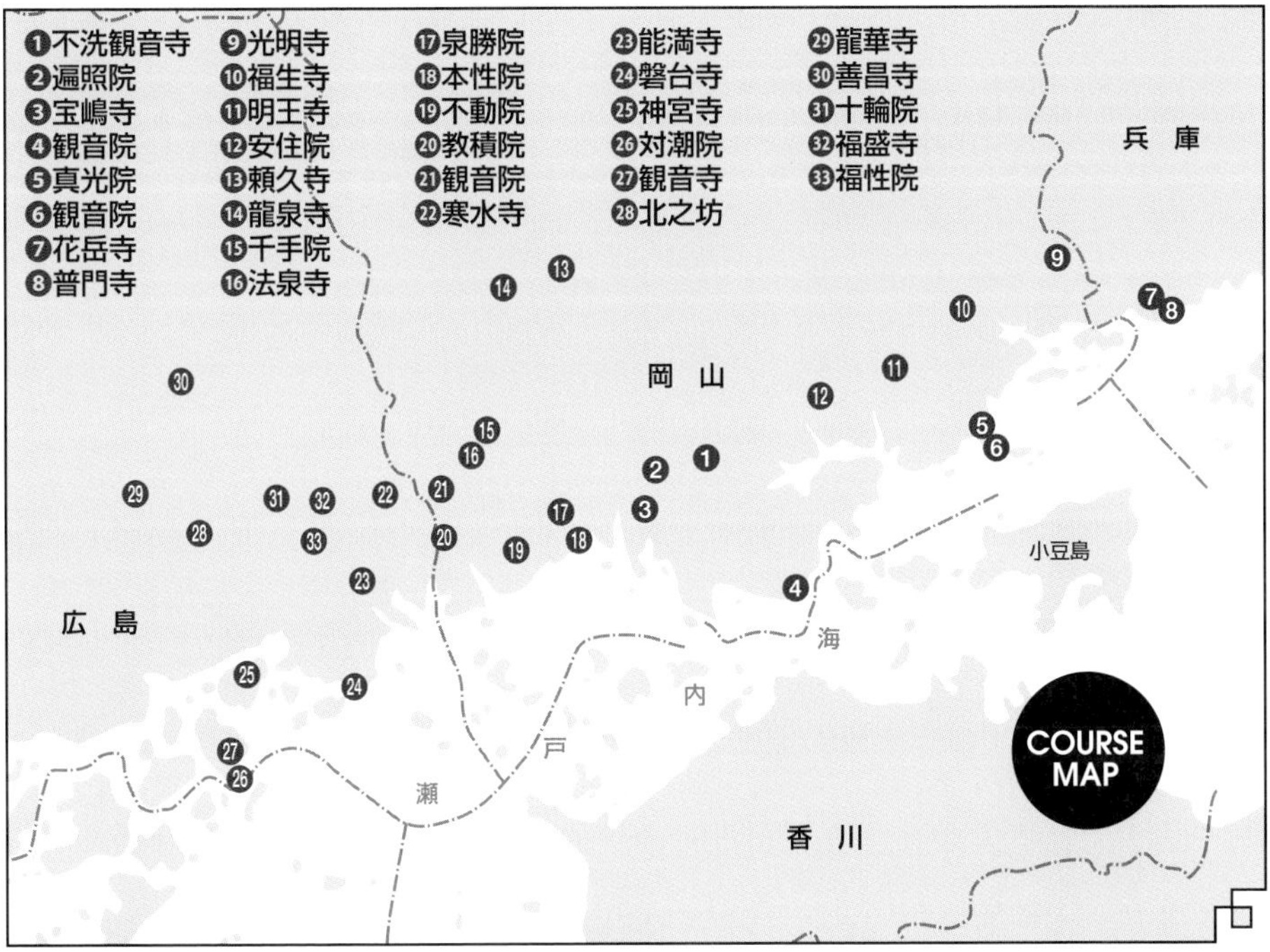

COURSE MAP

❶不洗観音寺 ❷遍照院 ❸宝嶋寺 ❹観音院 ❺真光院 ❻観音院 ❼花岳寺 ❽普門寺
❾光明寺 ❿福生寺 ⓫明王寺 ⓬安住院 ⓭頼久寺 ⓮龍泉寺 ⓯千手院 ⓰法泉寺
⓱泉勝院 ⓲本性院 ⓳不動院 ⓴教積院 ㉑観音院 ㉒寒水寺
㉓能満寺 ㉔磐台寺 ㉕神宮寺 ㉖対潮院 ㉗観音寺 ㉘北之坊
㉙龍華寺 ㉚善昌寺 ㉛十輪院 ㉜福盛寺 ㉝福性院

兵庫 岡山 広島 香川 小豆島 瀬戸内海

の心や体の痛みを癒してくれる。ましてや、瀬戸内のような穏やかで素朴な地なら、なおのこと平穏な気持ちになれるだろう。

広島、岡山、兵庫と3県にまたがる札所めぐりなので、食や文化の微妙な違いも楽しめる。観光を満喫しながら、ゆっくりめぐりたい。

DATA

▶**コースガイド**
開創：昭和60年（1985）
エリア：広島県、岡山県、兵庫県
コース全長：約560㎞
日程：車利用で2泊3日

【問い合わせ先】
不洗観音寺
岡山県倉敷市中帯江820 ☎086-425-2334
http://wp1.fuchu.jp/~zenshoji/reijou-s.htm

広島新四国八十八ヶ所霊場

●ひろしましんしこくはちじゅうはちかしょれいじょう

自己を見つめながら平和について考える巡礼

第1番札所

大願寺（だいがんじ）

広島県廿日市市宮島町3

厳島神社で有名な宮島にあり、多くの参拝者がいる。国の重要文化財に指定されている薬師如来像は、弘法大師作と伝えられる。

第55番札所

長性院（ちょうせいいん）

広島県広島市南区比治山町7-40

浄土宗寺院。坂の参道を上って行くと、立派な仁王門が見える。一木造りの仁王像も見事だ。本尊は阿弥陀如来。

第87番札所

大聖院（だいしょういん）

広島県廿日市市宮島町滝町210

宮島で最古の歴史をもつ寺院で、真言宗御室派の大本山。厳島神社の別当寺として祭祀を司ってきた。観音堂本尊は十一面観音。

安芸の宮島で打ちはじめ広島市を中心にめぐる

日本三景の一つにも数えられる景勝の地、安芸の宮島。広島新四国八十八ヶ所霊場は、その宮島に祀られる大願寺を第1番札所とする。

大正7年（1918）に広島市を中心とした安芸地区に開創された。しかし、その後の太平洋大戦において広島に原爆が投下され、巡拝不可能となっていた。復興したのは昭和48年（1973）、弘法大師御誕生1200年を記念してのことだった。

この霊場の特徴として、広島は人類史上初めて原爆が投下された地として、世界の平和のシンボルとなっていることが挙げられる。霊場をめぐれば、原爆被害者の冥福を祈る慰霊碑や、身元不明の遺骨

第4番札所・薬師寺。大竹市にある

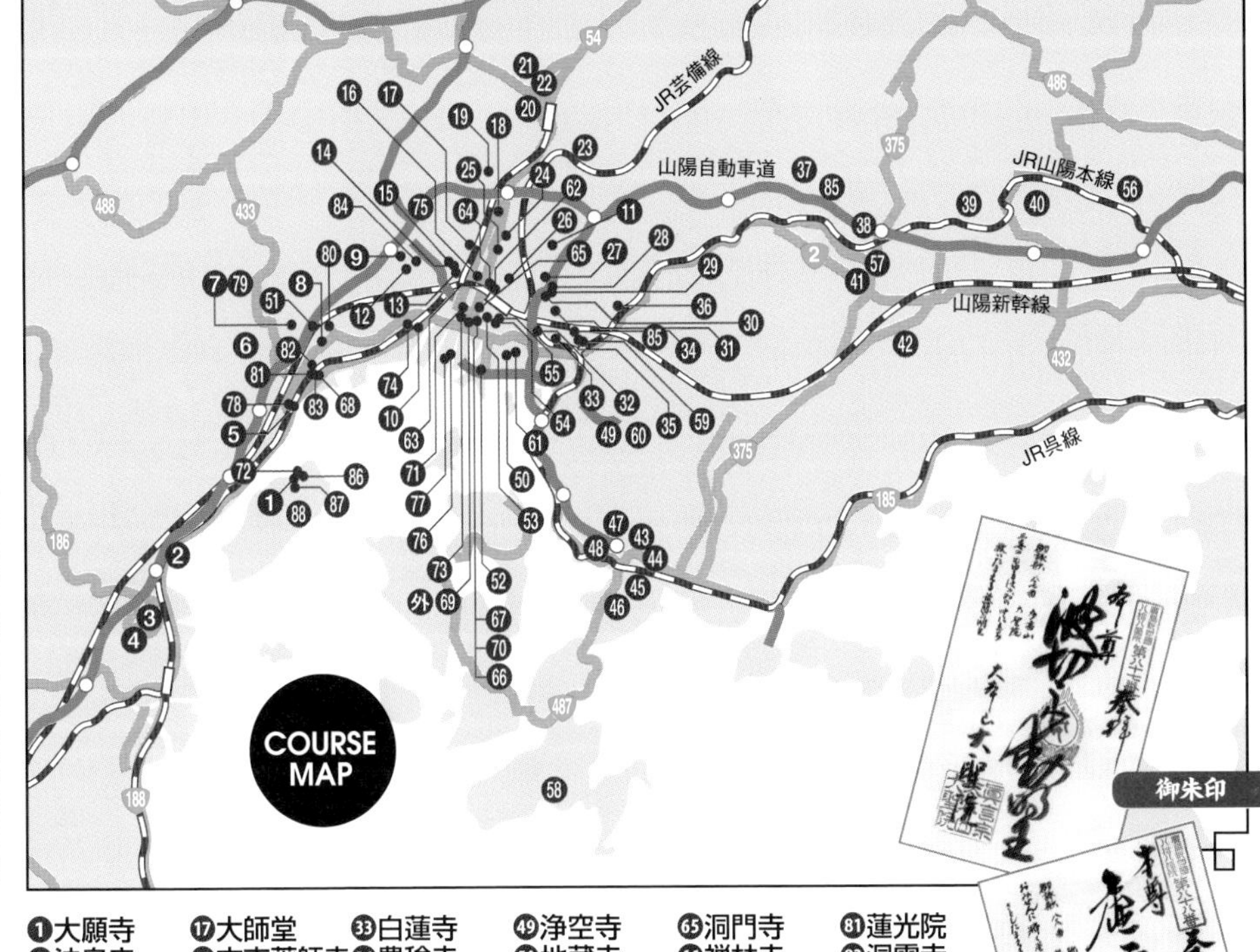

❶大願寺
❷法泉寺
❸光妙院
❹薬師寺
❺観音堂
❻大心寺
❼極楽寺
❽圓明寺
❾金剛院
❿真光院
⓫安楽寺
⓬国泰寺
⓭善光寺
⓮誓願寺
⓯三瀧寺
⓰般舟寺
⓱大師堂
⓲古市薬師寺
⓳毘沙門堂
⓴医王寺
㉑福王寺
㉒真福寺
㉓明光院
㉔持明院
㉕牛田不動院
㉖龍蔵院
㉗岩谷寺
㉘道隆寺
㉙江本寺
㉚鵜上寺
㉛金剛寺
㉜正観寺
㉝白蓮寺
㉞豊稔寺
㉟大師寺
㊱蓮華寺
㊲並瀧寺
㊳国分寺
㊴光政寺
㊵竹林寺
㊶観現寺
㊷福成寺
㊸照明寺
㊹法輪寺
㊺萬年寺
㊻萬願寺
㊼三徳寺
㊽呉一観音寺
㊾浄空寺
㊿地蔵寺
51観音寺
52法真寺
53興禅寺
54多聞院
55長性院
56棲真寺
57福寿院
58白華寺
59薬師禅寺
60法念寺
61妙光寺
62明星院
63光明院
64宝勝院
65洞門寺
66禅林寺
67延命院
68正覚院別院薬師堂
69普門寺
70金龍禅寺
71善応寺
72存光寺
73高信寺
74海蔵寺
75薬師院
76江波不動院
77龍光院
78三光院
79浄土王院
80玉照院
81蓮光院
82洞雲寺
83正覚院
84淨心院
85安養院
86宝寿院
87大聖院
88弥山本堂
外原爆供養塔

上は第87番札所・大聖院で「波切不動明王」、下は第88番札所・弥山本堂のもので「虚空蔵菩薩」の文字

を安置する供養塔などにも向き合うことになる。巡礼をすることで自己を見つめ直すと同時に、多くの原爆被害者の御霊にふれ、改めて平和について考えることができる。

全行程は8コースに分けれており、バスツアーなどを利用して1コース1日目安でめぐることができる。

DATA

▶**コースガイド**

開創：大正7年（1918）
エリア：広島市、呉市、大竹市、廿日市市、東広島市、安芸郡
コース全長：約700km
日程：車利用で6日間

【問い合わせ先】
広島新四国八十八ヶ所霊場会事務局（古市薬師寺内）
広島県広島市安佐南区古市1-10-12　☎082-877-2268
http://www.88-henro.com

観音霊場

出雲三十三観音霊場

●いずもさんじゅうさんかんのんれいじょう

日本人の心のふるさとに点在する札所

第21番札所

清水寺（きよみずでら）

島根県安来市清水町528

山陰地方を代表する大伽藍の天台宗寺院。厄ばらいの寺として、多くの参拝者が訪れる。本尊は十一面観音。本堂は重要文化財。

長谷寺（ちょうこくじ）

島根県出雲市大社町杵築北3016

稲佐の浜にほど近い山寺。本尊は行基の作とされる十一面観音。身の丈は一尺八寸で、33年ごとにしか開帳されない秘仏。

清巌寺（せいがんじ）

島根県松江市玉湯町玉造530

玉造温泉に近く、山号を温泉山という。この札所で結願した後は、温泉につかってゆっくりと旅の疲れを癒すといいだろう。

明治期には嫁入り前の娘たちがめぐったという

神無月には、八百万の神々が集うという出雲国。縁結びの神としても有名な出雲大社には、全国から多くの参詣者が集まる。

その出雲国、島根県内をめぐる観音霊場がいつはじまったかは定かではないが、約1000年前に花山法皇がここに観音霊場を開き、仏と神の力で国の平和と民衆の幸福を達成しようとの願いを込めたと伝えられている。明治時代中頃の記録によれば、嫁入り前の娘は必ず出雲の観音巡礼を行う風習があったようで、このころにはポピュラーな巡礼になっていたようだ。

第1番札所・長谷寺は国護りの神話のふるさと、稲佐の浜の近く。第3番札所・鰐淵

第29番札所・朝日寺から宍道湖を望む

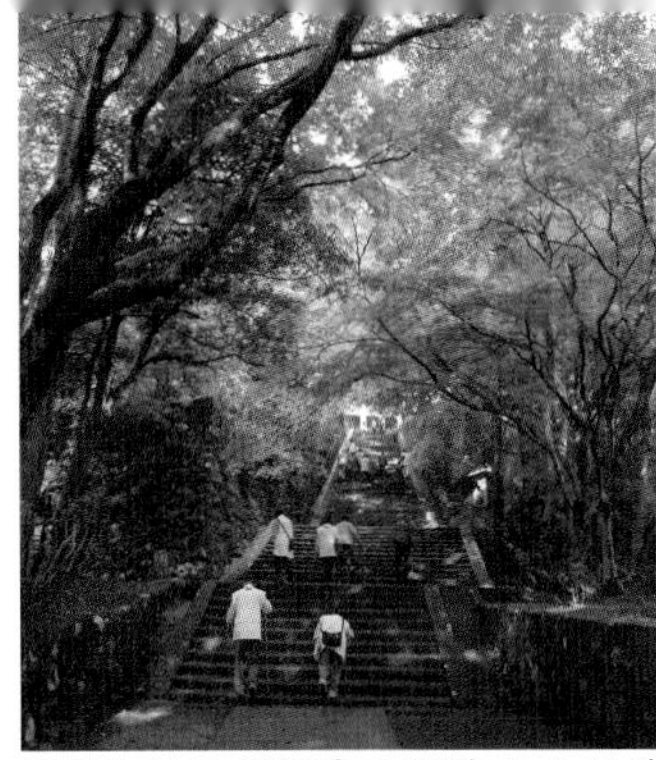

第3番札所・鰐淵寺の参道。もみじが美しい

御朱印

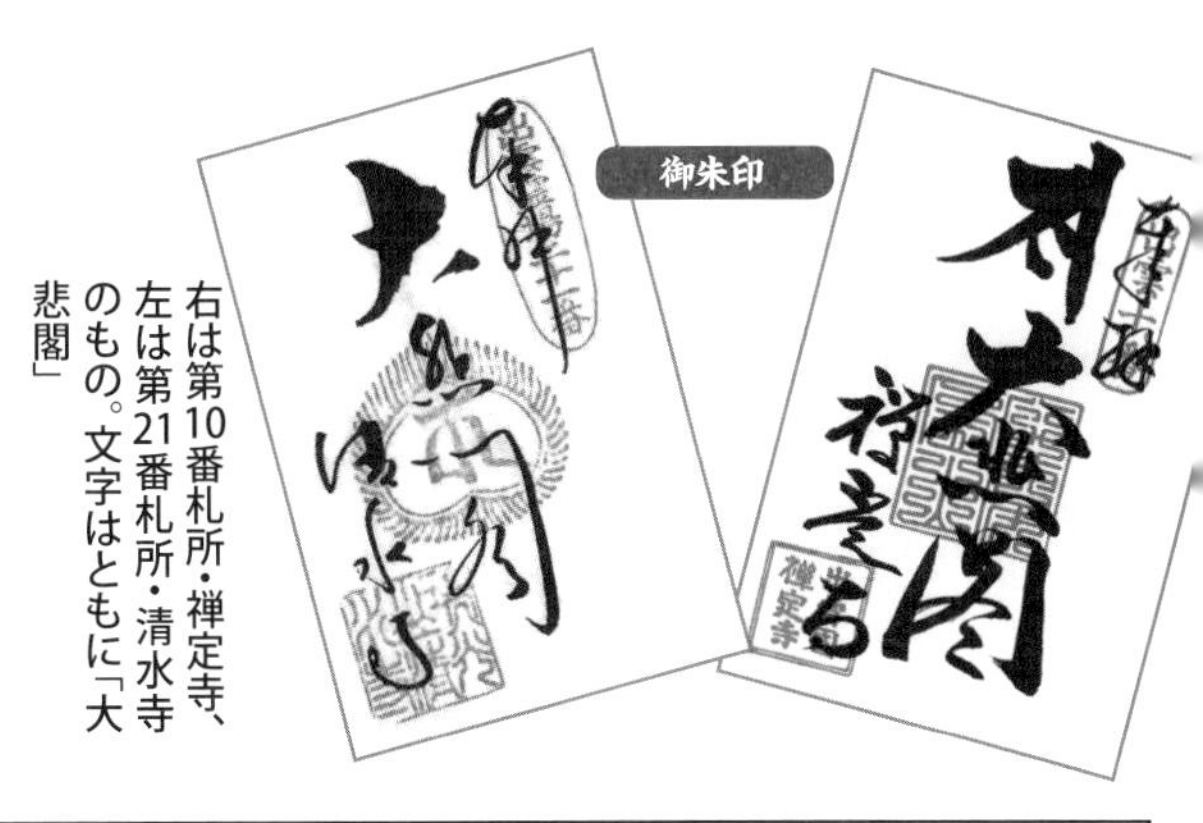

右は第10番札所・禅定寺、左は第21番札所・清水寺のもの。文字はともに「大悲閣」

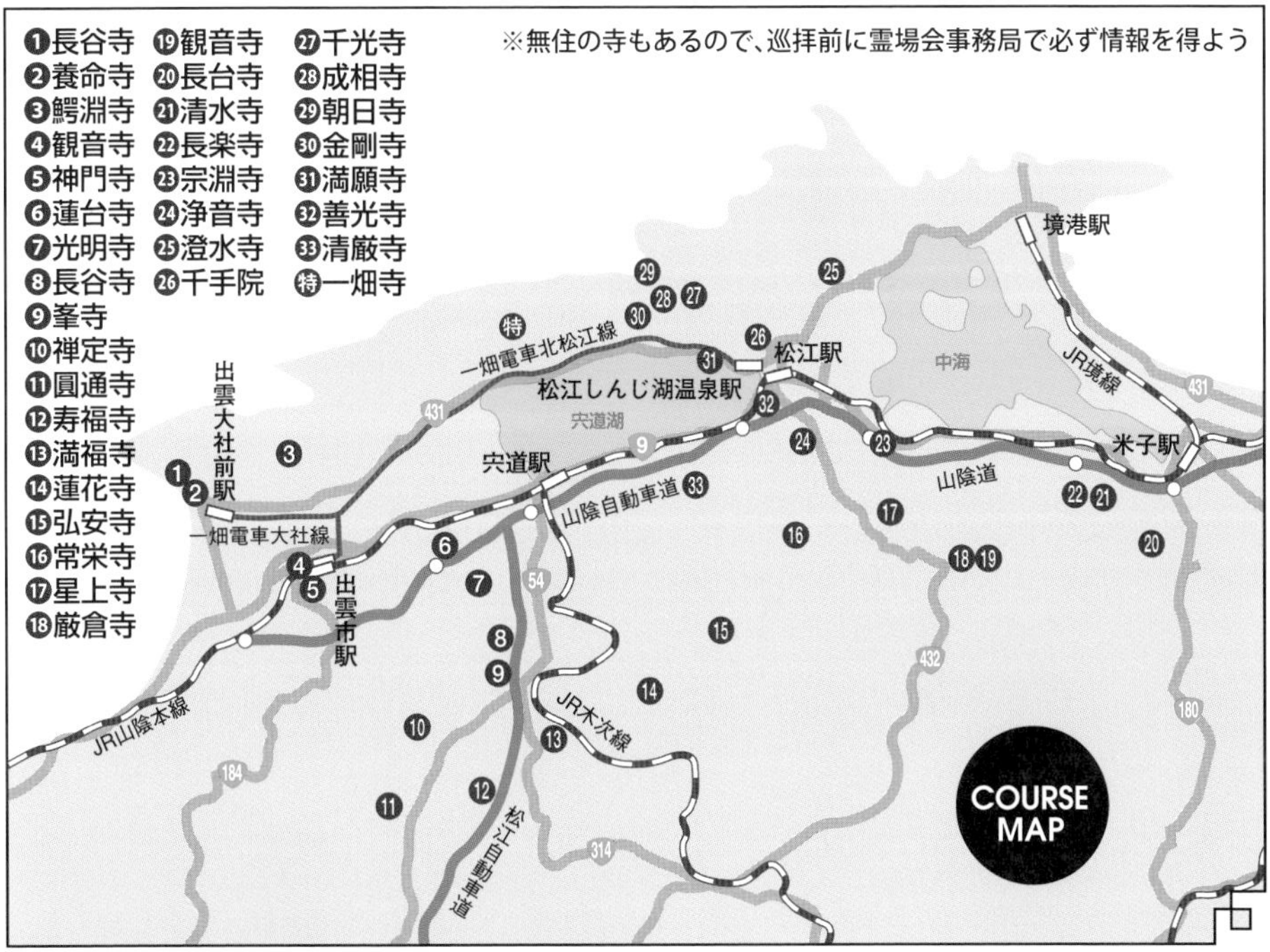

❶長谷寺
❷養命寺
❸鰐淵寺
❹観音寺
❺神門寺
❻蓮台寺
❼光明寺
❽長谷寺
❾峯寺
❿禅定寺
⓫圓通寺
⓬寿福寺
⓭満福寺
⓮蓮花寺
⓯弘安寺
⓰常栄寺
⓱星上寺
⓲厳倉寺
⓳観音寺
⓴長台寺
㉑清水寺
㉒長楽寺
㉓宗淵寺
㉔浄音寺
㉕澄水寺
㉖千手院
㉗千光寺
㉘成相寺
㉙朝日寺
㉚金剛寺
㉛満願寺
㉜善光寺
㉝清厳寺
㊕一畑寺
※無住の寺もあるので、巡拝前に霊場会事務局で必ず情報を得よう
境港駅
中海
JR境線
米子駅
山陰道
松江駅
松江しんじ湖温泉駅
一畑電車北松江線
宍道湖
宍道駅
山陰自動車道
出雲大社前駅
一畑電車大社線
出雲市駅
JR山陰本線
JR木次線
松江自動車道
COURSE MAP

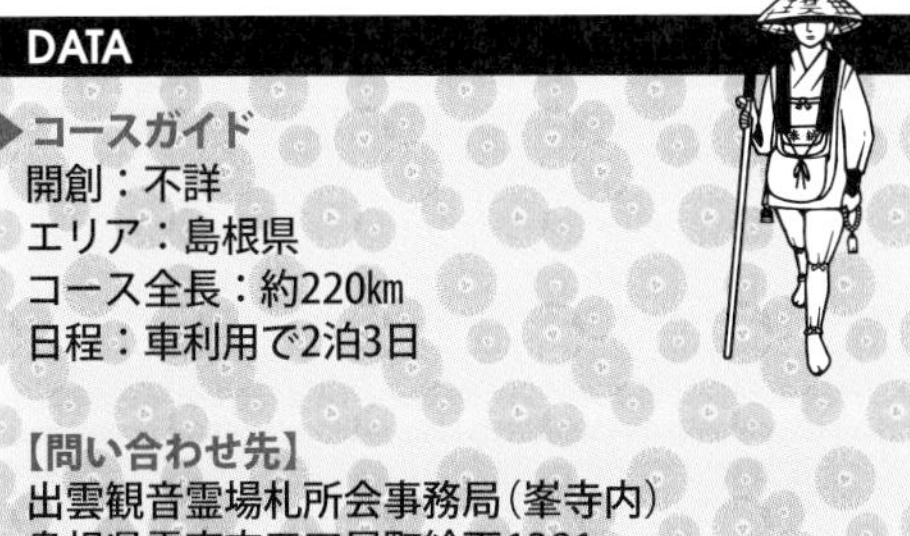

DATA

▶コースガイド
開創：不詳
エリア：島根県
コース全長：約220km
日程：車利用で2泊3日

【問い合わせ先】
出雲観音霊場札所会事務局（峯寺内）
島根県雲南市三刀屋町給下1381
☎0854-45-2245

寺は出雲地方屈指の古刹で、弁慶が修行した寺としても有名だ。海沿いの札所から打ちはじめ、山奥深く分け入り、宍道湖や中海の周辺を進む。結願は玉造温泉近くの第33番札所・清巌寺だ。

出雲ならではのさまざまな景色を楽しみながら、神話の国の巡礼を進めよう。

弘法大師霊場

四国八十八ヶ所巡礼

●しこくはちじゅうはちかしょじゅんれい

一度は挑戦してみたい日本の巡礼の代表格

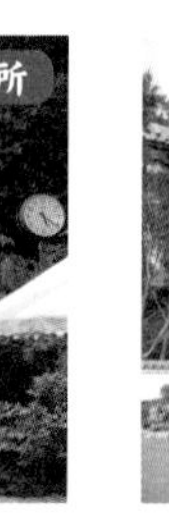

霊山寺（りょうぜんじ）

徳島県鳴門市大麻町板東塚鼻126

聖武天皇の勅願で行基が開創した古刹。往時は阿波三大坊の一つとされ、荘厳な伽藍（がらん）を誇った。多宝塔や庭園など、見どころは多い。

清瀧寺（きよたきじ）

高知県土佐市高岡町丁568-1

高知県土佐市の北部に位置し、一帯は土佐和紙で知られる紙どころだ。寺は和紙をすく重要な水の源泉として信仰されてきた。本尊は薬師如来。

岩屋寺（いわやじ）

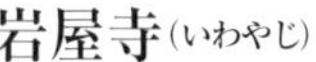

愛媛県上浮穴郡久万高原町七鳥1468

標高700メートル。奇峰が天を突き、巨大な岩の中腹に埋め込まれるように堂宇がたたずむ典型的な山岳霊場。寺域は国の名勝、県立自然公園。

開創には諸説あるものの江戸期には隆盛を迎える

日本でもっとも有名な巡礼といえば、四国八十八ヶ所巡礼だろう。弘法大師空海が修行した場所をめぐる旅。この巡礼は「同行二人」といい、巡礼者は常に弘法大師と二人連れだという意味だ。

開創の由来は諸説ある。弘法大師が42歳の時（弘仁6年・815）に開いたとする説、弘法大師が入定後、弟子が大師の霊跡をめぐったとする説、あるいは自らの悔いを改める

第44番札所・大寶寺と第45番札所・岩屋寺とをつなぐ道

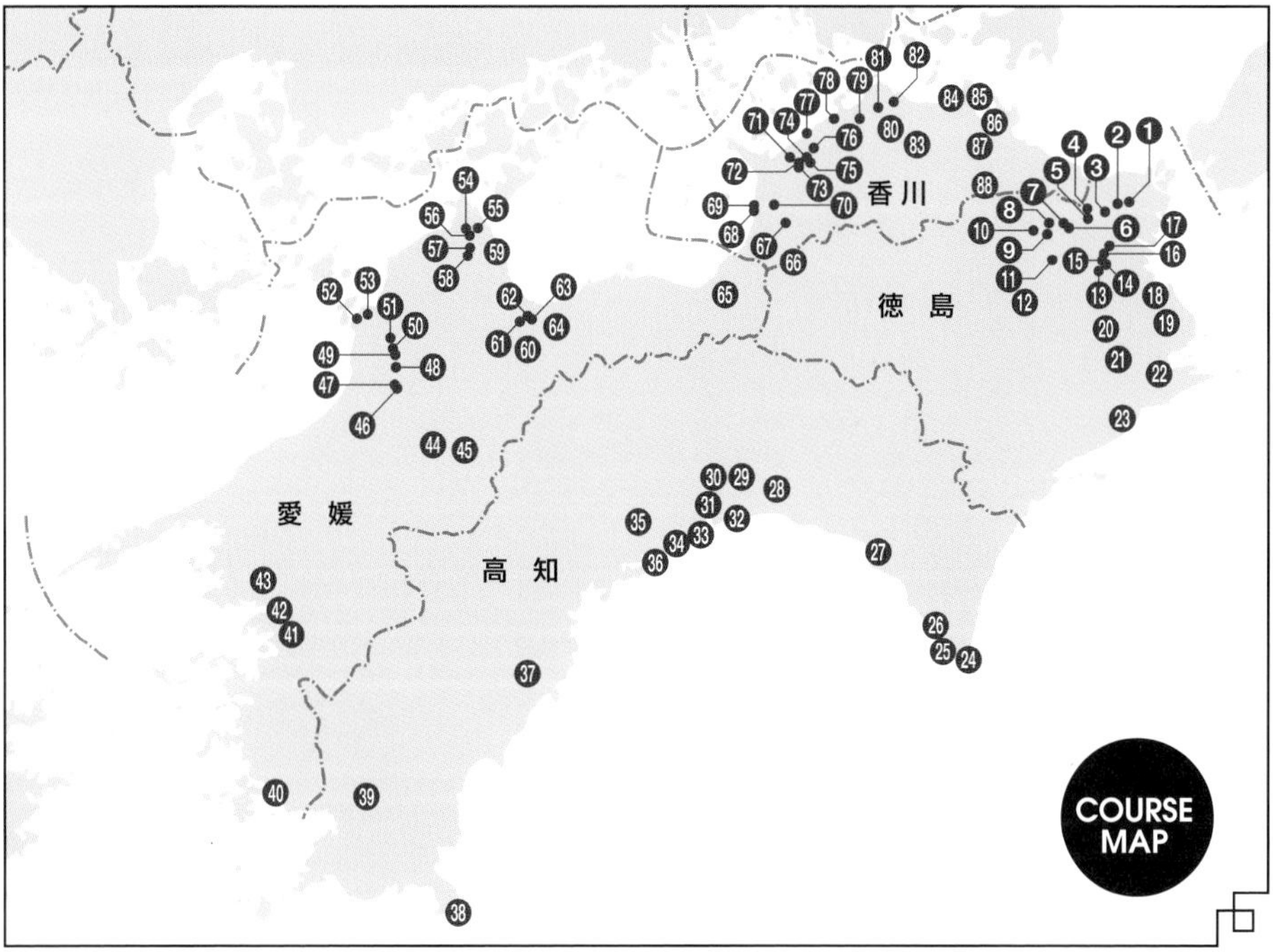

COURSE MAP

香川
徳島
愛媛
高知

❶霊山寺
❷極楽寺
❸金泉寺
❹大日寺
❺地蔵寺
❻安楽寺
❼十楽寺
❽熊谷寺
❾法輪寺
❿切幡寺
⓫藤井寺
⓬焼山寺
⓭大日寺
⓮常楽寺
⓯国分寺
⓰観音寺
⓱井戸寺
⓲恩山寺
⓳立江寺
⓴鶴林寺
㉑太龍寺
㉒平等寺
㉓薬王寺
㉔最御崎寺
㉕津照寺
㉖金剛頂寺
㉗神峯寺
㉘大日寺
㉙国分寺
㉚善楽寺
㉛竹林寺
㉜禅師峰寺
㉝雪蹊寺
㉞種間寺
㉟清瀧寺
㊱青龍寺
㊲岩本寺
㊳金剛福寺
㊴延光寺
㊵観自在寺
㊶龍光寺
㊷仏木寺
㊸明石寺
㊹大寶寺
㊺岩屋寺
㊻浄瑠璃寺
㊼八坂寺
㊽西林寺
㊾浄土寺
㊿繁多寺
51石手寺
52太山寺
53円明寺
54延命寺
55南光坊
56泰山寺
57栄福寺
58仙遊寺
59国分寺
60横峰寺
61香園寺
62宝寿寺
63吉祥寺
64前神寺
65三角寺
66雲辺寺
67大興寺
68神恵院
69観音寺
70本山寺
71弥谷寺
72曼陀羅寺
73出釈迦寺
74甲山寺
75善通寺
76金倉寺
77道隆寺
78郷照寺
79天皇寺
80國分寺
81白峯寺
82根香寺
83一宮寺
84屋島寺
85八栗寺
86志度寺
87長尾寺
88大窪寺

発願の札所・霊山寺をお参りするお遍路さんたち

ために伊予国の衛門三郎がめぐったとする説などだ。

いずれにせよ、弘法大師への篤い信仰心からの旅であることに変わりはない。その後、鎌倉時代から室町時代にかけて僧の修行としての巡礼が盛んに行われるようになり、やがてそれは一般民衆にも浸透。室町時代末期から江戸時代初期にかけて、88ヶ所が固定していったと考えられている。

江戸時代には全国各地に写しがつくられた。このことからも、四国八十八ヶ所が隆盛だったことがうかがわれる。

第35番札所・清瀧寺本堂前には、高さ15メートルの厄除け薬師如来立像がある

四国全域1450キロ 徒歩なら40〜60日の旅

巡礼コースは徳島県からはじまり、四国全域をめぐる約1450キロ。四国4県がそれぞれ「発心の道場」（徳島県）、「修行の道場」（高知県）、「菩提の道場」（愛媛県）、そして「涅槃の道場」（香川県）と位置づけられている。

他の巡礼に比べ、徒歩による巡礼者が多い。しかし「歩き遍路」は、40〜60日はかかる長旅となる。一度に多くの時間をとれない人は、何度かに分けて巡礼するのが一般的だ。バスツアーも数多くあるのでうまく利用するといい。

四国では、巡礼者はお大師さまと同じ、もしくは仏さまと同じとして扱われる。お接待と称して、道中で果物やお菓子などを手渡されることもある。かつては無料で寝泊まりさせる「善根宿（ぜんこんやど）」もたくさ

石手寺（いしてじ）

愛媛県松山市石手2-9-21

日本最古の温泉といわれる道後温泉の近くにあり、多くの観光客も訪れる。境内ほとんどの堂塔が国宝、国の重要文化財に指定されている。

善通寺（ぜんつうじ）

香川県善通寺市善通寺町3-3-1

弘法大師誕生の地であり、真言宗善通寺派の総本山。京都の東寺、和歌山の高野山と並ぶ、大師三大霊跡の一つとして篤い信仰を集める。

大窪寺（おおくぼじ）

香川県さぬき市多和兼割96

徳島県境に近い矢筈山の東側中腹にある、四国八十八ヶ所結願の霊場。「同行二人」を共にした金剛杖などは、ここ大師堂脇の寶杖堂へ奉納する。

第81番札所・白峯寺

大師堂の背後にそびえる巌峰（第45番札所・岩屋寺）

第88番札所・大窪寺。薬壺ではなく、ホラ貝を持っている薬師如来が本尊

んあったという。

もちろん、いまはビジネスホテルや宿坊などに宿泊するのが一般的だが、道行くお遍路さんに手を合わせる人もいるなど、いまなお四国の人たちにお遍路さんは大切にされている。

日本を代表する巡礼の旅に、一度はチャレンジしてみたい。

DATA

▶コースガイド
開創：不詳
エリア：徳島県・高知県・愛媛県・香川県
コース全長：約1460㎞
標準日程：車利用で9泊10日

【問い合わせ先】
四国八十八ヶ所霊場会本部事務所
香川県善通寺市善通寺町1065-1
☎0877-56-5688
http://www.88shikokuhenro.jp/

古くから多くの巡礼者が訪れる〝島四国〟

小豆島八十八ヶ所霊場

●しょうどしまはちじゅうはちかしょれいじょう

国指定の重要文化財や天然記念物が多数ある

島四国とは、四国八十八ヶ所巡礼を島に写した霊場で、淡路島や小豆島、今治市の大島など、瀬戸内海に浮かぶ島に多く存在する。

香川県の小豆島八十八ヶ所霊場の行程は四国霊場の10分の1の約150キロ。しかし、霊験はあらたかで、多くのお遍路さんが訪れることでも知られている。

札所は寺院30ヶ寺のほか、静寂な山の中にある山岳霊場12ヶ所、質素な堂庵52ヶ所で構成される。88ヶ所の本番霊場に加えて、番外・奥之院6ヶ所の合計94ヶ所が公認の霊場となっている。島ならではの美しい自然の中を進めば、心身の疲れは必ず癒され、自らを見つめ直す旅になること

第53番札所

本覚寺（ほんかくじ）

香川県小豆郡土庄町渕崎甲462

本尊は不動明王を中心とした五大力明王。インドの故ネール首相の頭髪が、寺宝として一髪観音堂の中に祀られている。

第31番札所

誓願寺（せいがんじ）

香川県小豆郡小豆島町二面571

行基が本尊の阿弥陀如来を彫り、後に弘法大師が草庵を建てたのが開創。境内にある樹齢1000年超の大ソテツは必見。

第72番札所

奥之院笠ヶ瀧（おくのいんかさがたき）

香川県小豆郡土庄町笠滝乙56

岩壁を鎖にすがってよじ登るという、島内でも唯一の厳しい行場であり、霊場屈指の難所。洞窟の中に本尊の不動明王が安置される。

第14番札所・清滝山。本尊が岩窟の中にある山岳霊場

1 洞雲山
2 碁石山
3 観音寺
3 奥之院隼山
4 古江庵
5 堀越庵
6 田の浦庵
7 向庵
8 常光寺
9 庚申堂
10 西照庵
11 観音堂
12 岡之坊
13 栄光寺
14 清滝山
15 大師堂
16 極楽寺
17 一ノ谷庵
18 石門洞
19 木ノ下庵
20 佛ヶ滝
21 清見寺
22 峯之山庵
23 本堂
24 安養寺
25 誓願寺庵
26 阿彌陀寺
27 桜ノ庵
28 薬師堂
29 風穴庵
30 正法寺
31 誓願寺
32 愛染寺
33 長勝寺
34 保寿寺庵
35 林庵
36 釈迦堂
37 明王寺
38 光明寺
39 松風庵
40 保安寺
41 佛谷山
42 西の瀧
43 浄土寺
44 湯舟山
45 地蔵寺堂
46 多聞寺
47 栂尾山
48 毘沙門堂
49 東林庵
50 遊苦庵
51 宝幢坊
52 旧八幡宮
53 本覚寺
54 宝生院
55 観音堂
56 行者堂
57 浄源坊
58 西光寺
58 奥之院誓願之塔
59 甘露庵
60 江洞窟
61 浄土庵
62 大乗殿
63 蓮華庵
64 松風庵
65 光明庵
66 等空庵
67 瑞雲堂
68 松林寺
69 瑠璃堂
70 長勝寺
71 滝ノ宮堂
72 瀧湖寺
72 奥之院笠ヶ瀧
73 救世堂
74 圓満寺
75 大聖寺
76 金剛寺
76 奥之院三暁庵
77 歓喜寺
78 雲胡庵
79 薬師庵
80 観音寺
81 恵門ノ瀧
82 吉田庵
83 福田庵
84 雲海寺
85 本地堂
86 当浜庵
87 海庭庵
88 楠霊庵
外 藤原寺
外 霊場総本院

右は小豆島霊場総本院のもので「遍照金剛」の文字。左は専用の納経帳

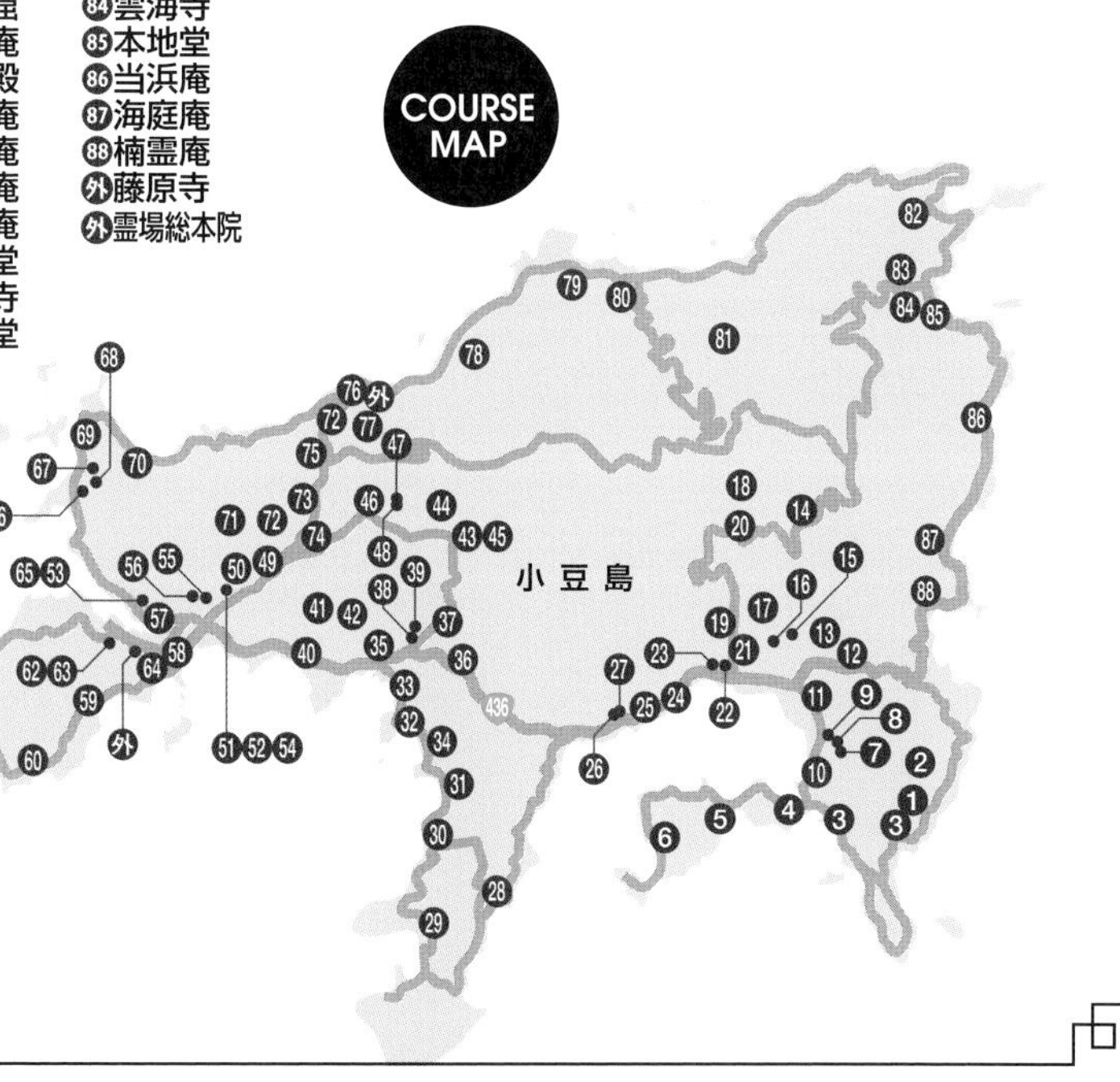

は間違いない。

第37番札所・明王子の釈迦堂をはじめ、第54番札所・宝生院の世界最古のシンパク、第31番札所・誓願寺の樹齢1000年を超える大ソテツなど、国指定の重要文化財や天然記念物も数多い。また各霊場に種類の違う桜があり、88種の桜を楽しむこともできる。

DATA

▶コースガイド

開創：江戸時代初期
エリア：香川県小豆郡
コース全長：約150km
日程：車利用で3泊4日、徒歩で6泊7日

【問い合わせ先】
小豆島霊場会
香川県小豆郡土庄町甲6134-2
☎0879-62-0227　http://reijokai.com/

弘法大師霊場

九州八十八ヶ所百八霊場

弘法大師ゆかりの九州を一周する壮大な巡礼

●きゅうしゅうはちじゅうはちかしょひゃくはちれいじょう

20ヶ寺が新たに加入し霊場の名称も変更

九州八十八ヶ所霊場は、昭和59年（1984）、弘法大師入定1150年の記念として創設された比較的新しい札所めぐり。真言宗寺院を札所とし、九州を一周する壮大な巡礼だ。

弘法大師は大同元年（806）、唐から帰朝して筑紫の国（現福岡県）に2年間逗留したという。その間、九州各地を訪ね、教えを広めている。九州八十八ヶ所霊場は、そんな弘法大師ゆかりの地を結んで築かれている。

平成22年（2010）、新たに20ヶ寺が加わって札所の数は108となり、霊場会の名称も「九州八十八ヶ所百八霊場」に変わった。

大師が唐から帰って初めて

第1番札所

東長密寺（とうちょうみつじ）

福岡市博多区御供所町2-4

大同元年（806）、唐から帰国した弘法大師が建立した。大師創建の寺としては、日本でもっとも古い。本尊の千手観音は平安時代の作で国宝。

第62番札所

誕生院（たんじょういん）

佐賀県鹿島市納富分2011

真言宗の中興の祖・興教大師覚鑁聖人の誕生の地に建てられた寺。安産祈願や誕生祈願に、多くの参拝者が訪れる。

第88番札所

鎮国寺（ちんこくじ）

福岡県宗像市吉田966

弘法大師建立。大日如来、釈迦如来、薬師如来の三尊を刻み、本尊と定めた。境内は年間を通してさまざまな花が咲き誇る。

御朱印

右は第1番札所・東長密寺で「千手観音菩薩」。左は第62番札所・誕生院で「本尊錐鑽不動明王」

❶東長密寺
❷般若院
❸如意輪寺
❹不動院
❺大師寺
❻南淋寺
❼興徳院
❽隆照寺
❾明王院
❿不動寺
⓫明観寺
⓬金倉寺
⓭法善寺
⓮東蓮寺
⓯西教院
⓰善覚寺
⓱阿弥陀院
⓲徳泉寺
⓳普門院
⓴三明院
㉑神護寺
㉒大楽寺
㉓光明院
㉔蓮華寺
㉕金剛頂寺
㉖福寿院
㉗蓮城寺
㉘興山寺
㉙海岸寺
㉚大日寺
㉛龍仙寺
㉜光明寺
㉝永願寺
㉞中野寺
㉟行真寺
㊱貫川寺
㊲香泉寺
㊳長久寺
㊴潮満寺
㊵西明寺
㊶天長寺
㊷弘泉寺
㊸法城院
㊹不動寺
㊺大歓寺
㊻峰浄寺
㊼光明寺
㊽薩摩薬師寺
㊾剣山寺
㊿願成寺
51 勘代寺
52 高寺院
53 観蓮寺
54 医王寺
55 本蔵院
56 金剛寺
57 蓮華院誕生寺
58 金剛寺
59 光明寺
60 龍王院
61 高野寺
62 誕生院
63 蓮厳院
64 龍照寺
65 延命寺
66 東前寺
67 東光寺
68 無動院
69 西光密寺
70 宝光院
71 浄漸寺
72 光輪院
73 西光寺
74 東漸寺
75 御橋観音寺
76 西福寺
77 最教寺
78 開元寺
79 善福寺
80 鶴林寺
81 大聖院
82 千如寺大悲王院
83 誓願寺
84 法蔵院
85 観音寺
86 海心寺
87 宗像観音寺
88 鎮国寺
89 金剛頂院
90 浄心院
91 真光寺
92 不動院
93 正法寺
94 大日寺
95 明王寺
96 賢龍寺
97 大国寺
98 生善院
99 高野寺
100 金剛乗寺
101 大勝寺
102 光明寺
103 大定寺
104 大智院
105 金剛寺
106 眞光院
107 隆善寺
108 奥の院

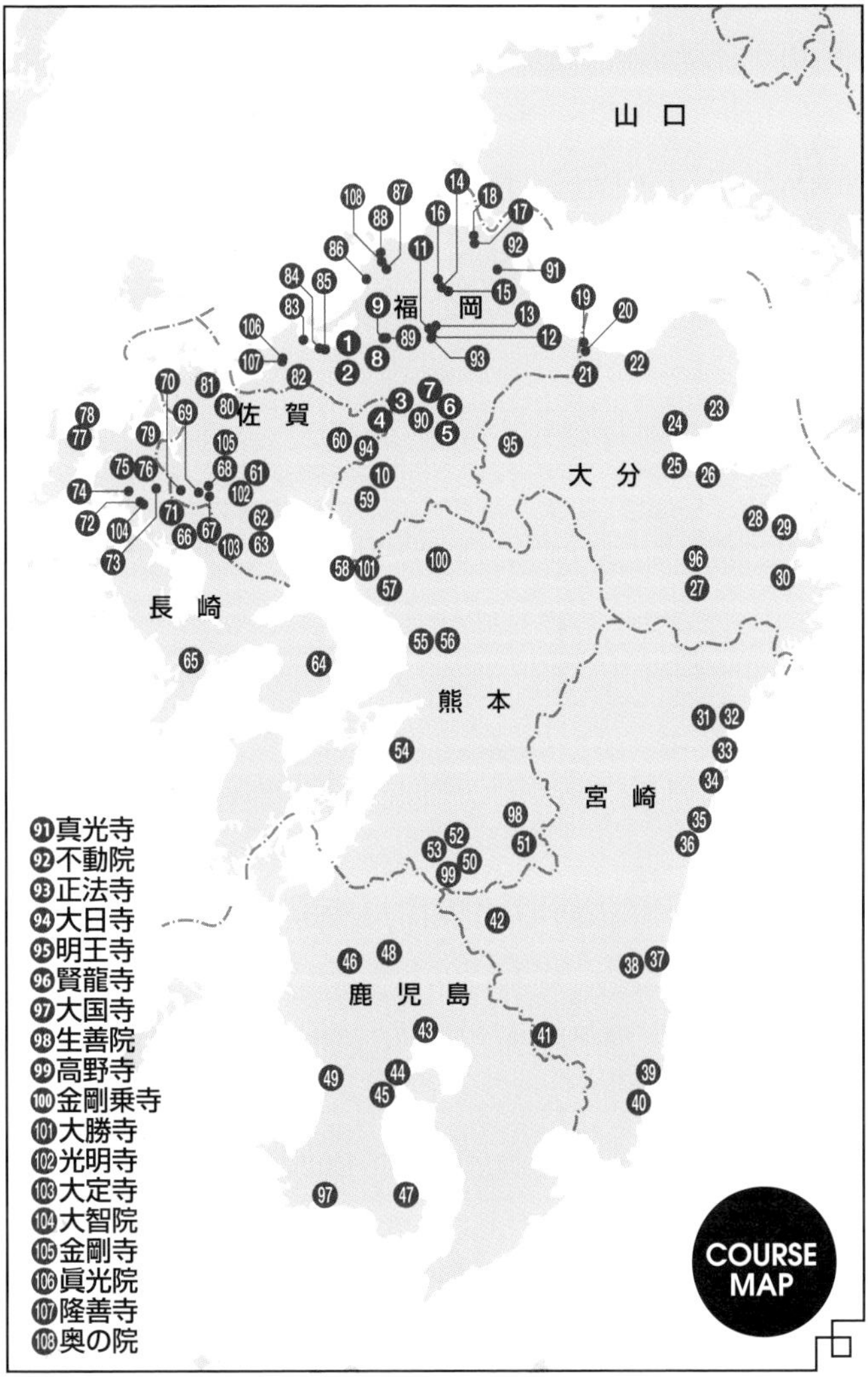

DATA

▶コースガイド
開創：昭和59年（1984）
エリア：福岡県、佐賀県、長崎県、大分県、熊本県、宮崎県、鹿児島県　コース全長：未発表
日程：車利用で20～30日

【問い合わせ先】
九州八十八ヶ所百八霊場会事務局（西光寺内）
長崎県佐世保市上柚木町3213
☎0956-46-0011
http://www.kyushyu88.com/

建立した東長密寺を第1番札所とし、帰国後に鎮護国家を祈念した鎮国寺を第88番札所に定めている。帰国後の大師が立てた志の大きさを味わえる巡礼になるだろう。

大師と共に旅するお遍路は、距離が極めて長く、全国最大規模といえる。くわしくはホームページを参照のこと。

大衆にもっとも親しまれる仏さまをめぐる旅

九州二十四地蔵尊霊場

●きゅうしゅうにじゅうしじぞうそんれいじょう

お地蔵さんの霊験求め 九州北部3県をめぐる

この世の中に悩み苦しむ者がいる限り、24に分身して衆生を救済するという地蔵菩薩。また「代受苦」といわれ、人の苦しみを代わって受けてくれる。古くから、これほど大衆に親しまれている仏さまもほかにいないだろう。

その地蔵菩薩をお参りする九州二十四地蔵尊霊場は、弘法大師ゆかりの九州に昭和61年（1986）に開創された。九州北部の福岡、佐賀、長崎の各県にまたがり、地蔵を6体並べてまつる六地蔵にちなみ、1〜6番札所までを北九州六地蔵尊、7〜12番札所を筑後六地蔵尊、13〜18番札所を西海六地蔵尊、19〜24番札所を筑前六地蔵尊と呼んで配分している。全行程は約52

第19番札所

隆善寺（りゅうぜんじ）

福岡県糸島市荻浦156-2

霊場の本尊である将軍地蔵尊は、開運はもとより家内安全、病気平癒、商売繁昌、交通安全、学業上達などの願いに霊験あらたか。

西福寺（さいふくじ）

長崎県佐世保市世知原町矢櫃25-2

1000年以上の昔から、山伏がこの地の巨大な岩屋に庵を結んで修行した行場。霊場本尊の恵泉地蔵尊は難病から救ってくれるという。

文殊院（もんじゅいん）

福岡県粕屋郡篠栗町若杉36

地蔵尊霊場の本尊として、日を限って祈願すると願いが叶えられるという日切地蔵尊が安置されている。

第16番札所・西福寺、清水の滝がある大洞穴の奥の院

第24番札所・文殊院の霊場本尊、日切地蔵尊

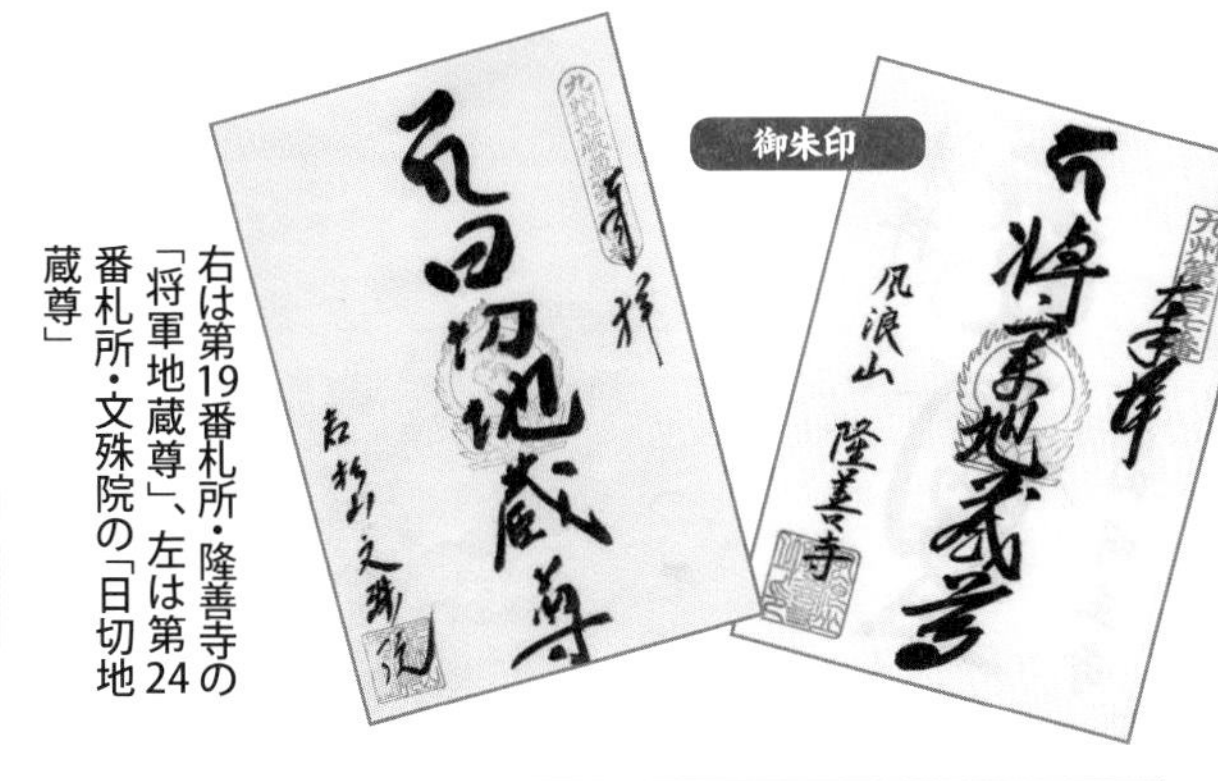

右は第19番札所・隆善寺の「将軍地蔵尊」、左は第24番札所・文殊院の「日切地蔵尊」

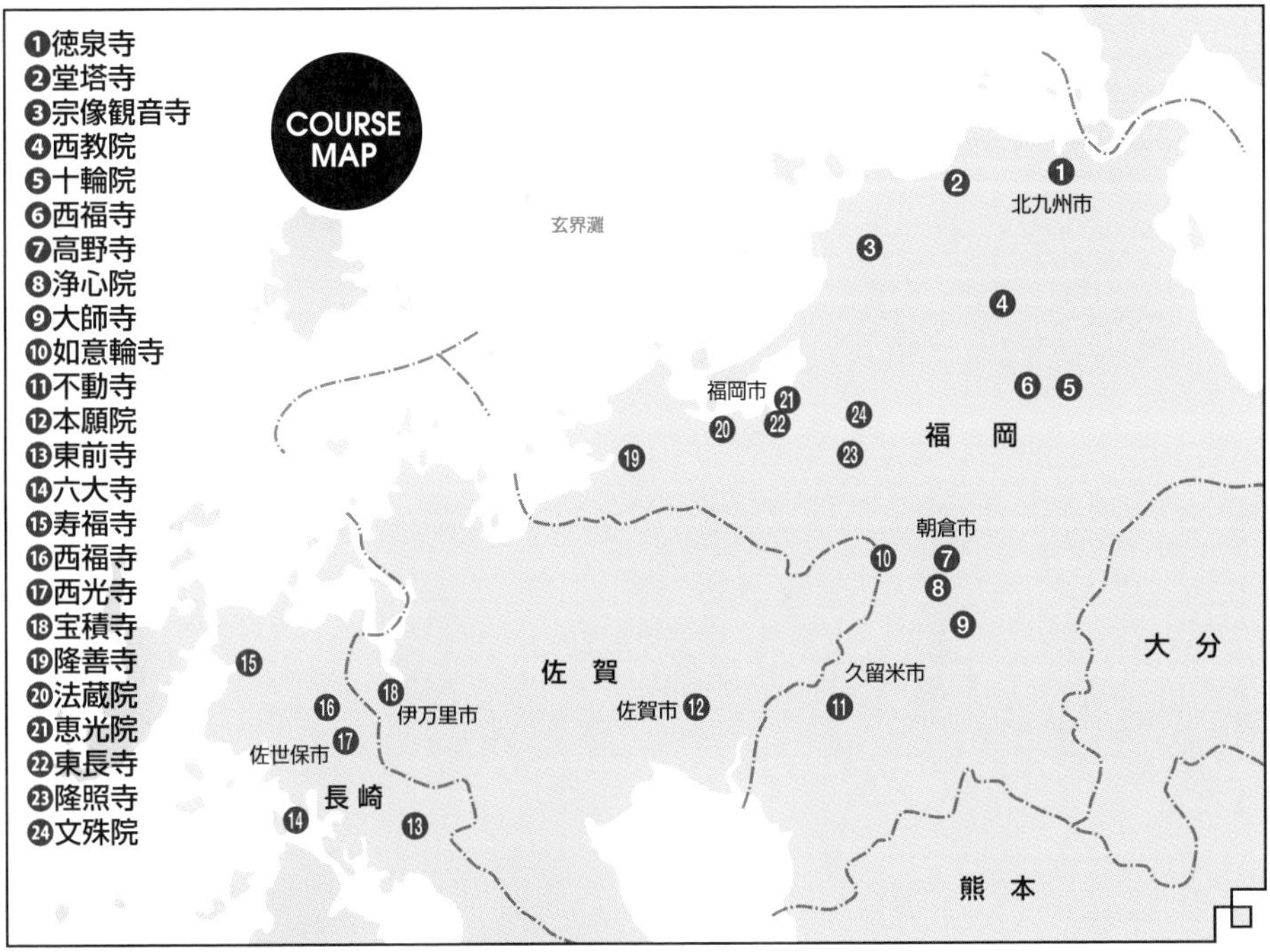

COURSE MAP

1. 徳泉寺
2. 堂塔寺
3. 宗像観音寺
4. 西教院
5. 十輪院
6. 西福寺
7. 高野寺
8. 浄心院
9. 大師寺
10. 如意輪寺
11. 不動寺
12. 本願院
13. 東前寺
14. 六大寺
15. 寿福寺
16. 西福寺
17. 西光寺
18. 宝積寺
19. 隆善寺
20. 法蔵院
21. 恵光院
22. 東長寺
23. 隆照寺
24. 文殊院

玄界灘
北九州市
福岡市
福　岡
朝倉市
久留米市
佐　賀
佐賀市
伊万里市
佐世保市
長　崎
大　分
熊　本

DATA

▶コースガイド
開創：昭和61年（1986）
エリア：福岡県、佐賀県、長崎県
コース全長：約520km
日程：車利用で4〜5日

【問い合わせ先】
九州二十四地蔵尊霊場会事務局（法蔵院内）
福岡県福岡市西区姪ノ浜6-2-35　☎092-881-2916
http://www.kyushyu24.com/

0キロ。車やバスで、各六地蔵尊をそれぞれ1日で巡拝することができる。

延命地蔵尊、身代わり地蔵尊、子育て地蔵尊、嫁いらず地蔵尊、苦ぬき地蔵尊……。親しみやすい名前で呼ばれ、それぞれに特色をもった地蔵尊をめぐる旅は、きっと悩みを解決してくれるだろう。

九州四十九院薬師霊場

●きゅうしゅうしじゅうくいんやくしれいじょう

古代日本の玄関口でお薬師さまのご加護を授かる

史跡やパワースポット見どころ満載の巡礼の旅

九州は古くから、日本の大陸への玄関口として数々の新しい文化を取り入れてきた場所だ。都だった奈良や京都に先だって、新しい文物に接する機会にも恵まれていた。

人々を病の苦しみから救う薬師信仰も、仏教伝来とともに九州の地から信仰が広がっていったと考えられる。

九州四十九院薬師霊場は、九州全域の寺院が一体となり、薬師さまのご加護で、人々の健康と幸せを願おうという巡礼だ。

見どころは4つある。1つめはさまざまな古寺巡礼。山路を訪ねて奥深く分け入る寺、古い歴史のたたずまいの寺など、魅力がいっぱいだ。2つ目はパワースポットがたくさ

國分寺（こくぶんじ）
福岡県太宰府市国分4-13-1
奈良時代に筑前の国分寺として建立。本尊の薬師如来は、奈良時代の名僧・行基の作とされ、国の重要文化財に指定されている。

福聚寺（ふくじゅじ）
福岡県北九州市小倉北区寿山町6-7
小倉小笠原の初代藩主・小笠原忠真が創建した黄檗宗（禅宗）の寺院。広大な境内には、歴代藩主の廟所がある。本尊は釈迦牟尼仏。

大興善寺（だいこうぜんじ）
佐賀県三養基郡基山町園部3628
奈良時代、行基が十一面観音を彫り、安置したことが開創と伝える。境内はつつじの名所と知られ、「つつじ寺」という愛称で親しまれている。

第1番札所・國分寺の薬師如来像

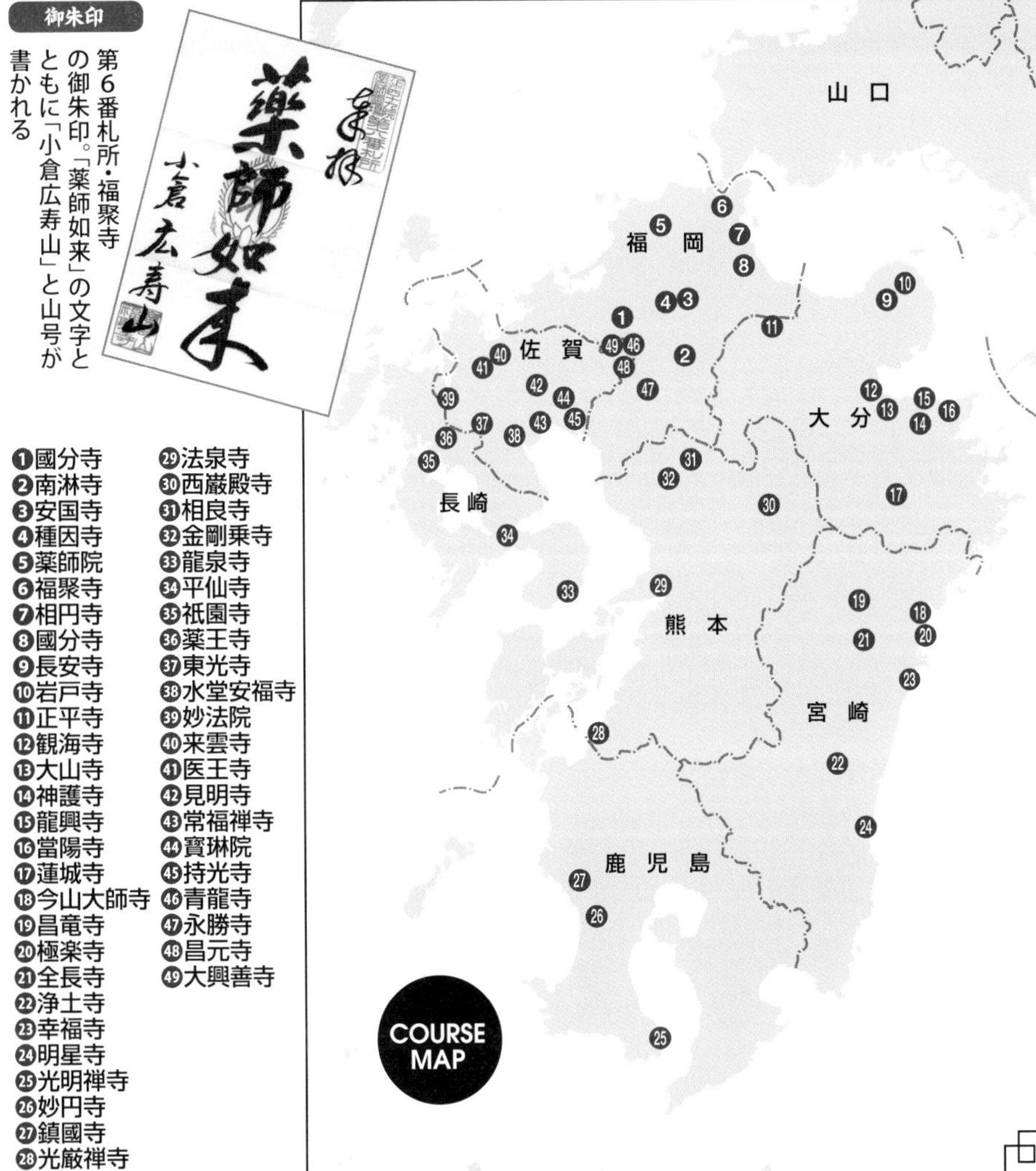

御朱印

第6番札所・福聚寺の御朱印。「薬師如来」の文字とともに「小倉広寿山」と山号が書かれる

❶國分寺
❷南淋寺
❸安国寺
❹種因寺
❺薬師院
❻福聚寺
❼相円寺
❽國分寺
❾長安寺
❿岩戸寺
⓫正平寺
⓬観海寺
⓭大山寺
⓮神護寺
⓯龍興寺
⓰當陽寺
⓱蓮城寺
⓲今山大師寺
⓳昌竜寺
⓴極楽寺
㉑全長寺
㉒浄土寺
㉓幸福寺
㉔明星寺
㉕光明禅寺
㉖妙円寺
㉗鎮國寺
㉘光厳禅寺
㉙法泉寺
㉚西巌殿寺
㉛相良寺
㉜金剛乗寺
㉝龍泉寺
㉞平仙寺
㉟祇園寺
㊱薬王寺
㊲東光寺
㊳水堂安福寺
㊴妙法院
㊵来雲寺
㊶医王寺
㊷見明寺
㊸常福禅寺
㊹寶琳院
㊺持光寺
㊻青龍寺
㊼永勝寺
㊽昌元寺
㊾大興善寺

んあること。熊本県の阿蘇山、大分県の国東半島など、数々の霊地・霊山にも触れることができる。3つ目は、各札所に歴史的価値の高い秘仏や史跡も多く残されていること。4つめは、季節ごとの花々が巡礼者の目を楽しませてくれるということ。さまざまな楽しみ方ができる霊場だ。

DATA

▶コースガイド
開創：平成11年（1999）
エリア：福岡県、大分県、宮崎県、鹿児島県、熊本県、長崎県、佐賀県
コース全長：約1600㎞
日程：車利用で1週間～10日

【問い合わせ先】
九州四十九院薬師霊場会事務局（福聚寺内）
福岡県北九州市小倉北区寿山町6-7　☎093-541-2270
http://oyakushi.com/

不動尊霊場

九州三十六不動霊場

●きゅうしゅうさんじゅうろくふどうれいじょう

大日如来の化身、不動明王のご利益を授かる

九州全域にまたがる長丁場の巡礼コース

不動明王は、真言宗や天台宗などのお寺に祀られる仏さまで、密教で最高の仏とされる大日如来の化身。人間の煩悩や迷いをしずめ、さまざまな災難を振り払うために怒りの形相をしており、一見怖い仏かとも思うが、本来は慈悲深い仏さまだ。

九州全域7県に点在する不動明王を拝むことで、貪瞋癡（とんじんち）（人間の煩悩）の三毒を離れる、福智円満、子孫繁栄、諸願成就などの6つの徳をいただくことができるとされるのが九州三十六不動霊場だ。番外2ヶ寺を加え、全38ヶ寺で構成されている。多くの寺院が風光明媚な地にあり、風物を楽しみながら巡礼できる。

大分県の第1番札所・両子

千如寺宝池坊（せんにょじほうちぼう）

福岡県糸島市雷山626

安産や子育ての祈願所として篤く信仰されており、とりわけ紅葉の季節は人気。本尊は4メートル超の十一面千手千眼観音。

文殊仙寺（もんじゅせんじ）

大分県国東市国東町大恩寺2432

うっそうと生い茂る緑に包まれたお寺。「21世紀に残したい自然百選」にも選ばれた景観だ。本尊の文殊菩薩は秘仏。

東長密寺（とうちょうみつじ）

福岡県福岡市博多区御供所町2-4

観光名所としても人気の、高さ10.8メートルの福岡大仏が有名。本尊である不動明王は生不動とも呼ばれている。

鬼の洗濯岩に囲まれた青島（宮崎県）

寺から打ちはじめ、宮崎、鹿児島、熊本、長崎、佐賀とめぐり、福岡県の東長密寺で結願するのが本来の順路。しかし、全行程は1530キロの長丁場だ。綿密に計画を練り、足腰据えて取り組もう。

九州四十九院薬師霊場や九州八十八ヶ所百八霊場と行程が重なるところもある。

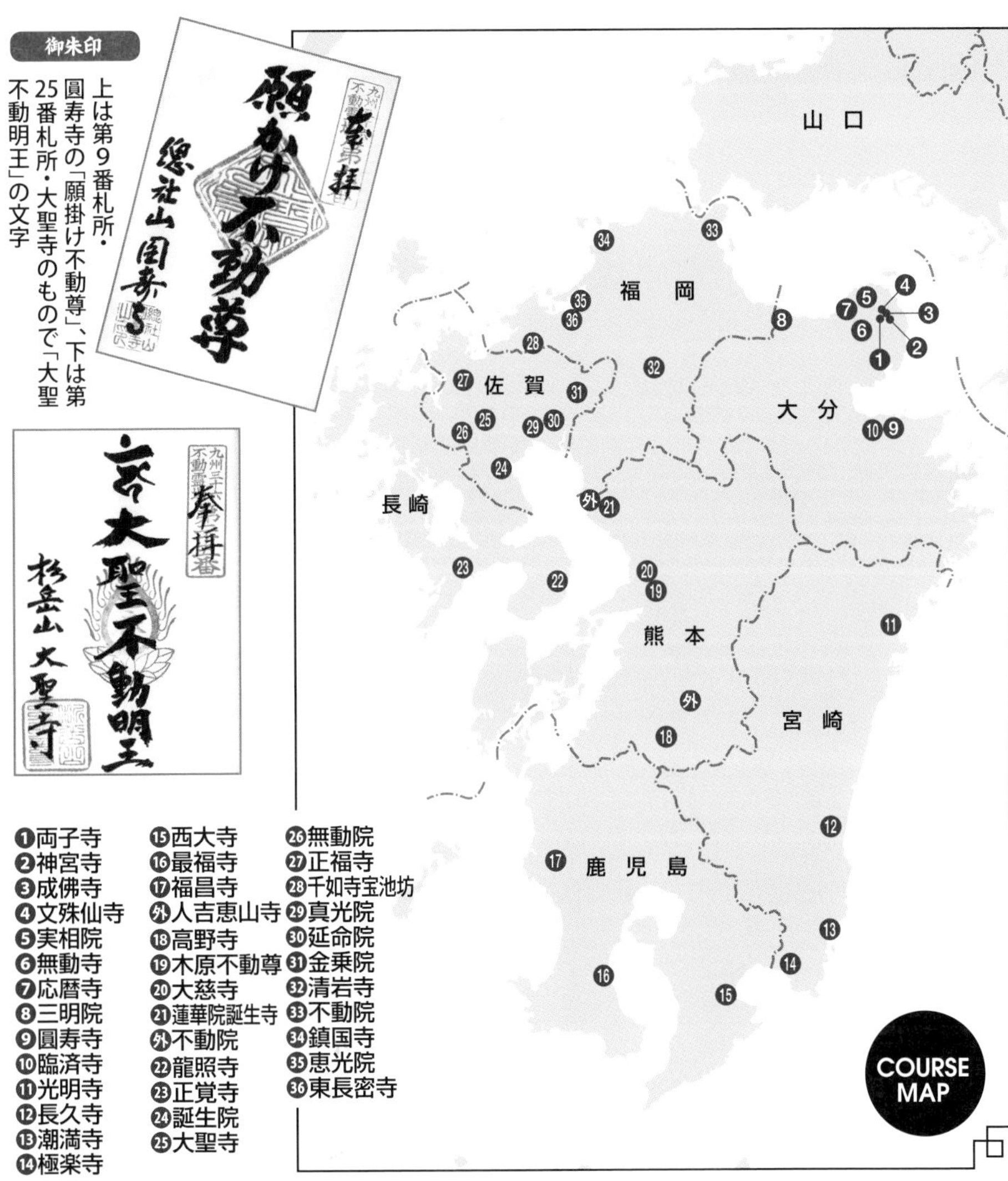

御朱印

上は第9番札所・圓寿寺の「願掛け不動尊」、下は第25番札所・大聖寺のもので「大聖不動明王」の文字

DATA

▶コースガイド

開創：昭和60年（1985） エリア：大分県、宮崎県、鹿児島県、熊本県、長崎県、佐賀県、福岡県　コース全長：約1530㎞
日程：車利用で1週間〜10日

【問い合わせ先】
九州三十六不動霊場会事務局（鎮国寺内）
福岡県宗像市吉田966　☎0940-62-0111
https://www.facebook.com/kyushyu36fudou/

五島八十八ヶ所霊場

ごとうはちじゅうはちかしょれいじょう

弘法大師の真言密教布教の原点をめぐる

島ならではの素朴で小さなお堂が多い

長崎県の西に浮かぶ五島列島。そのうち最大の福江島に点在する札所めぐりが、五島八十八ヶ所霊場だ。

福江島は、弘法大師が遣唐使として唐に赴く際の日本最後の寄港地であったとともに、最初の帰国地だった。

入唐して真言密教を学んだ弘法大師が帰国したのは大同元年（８０６）のこと。その折に福江島大宝の浜に漂着し、ここから真言密教の布教を行ったというから、まさに日本の仏教史に残る重要な地だったというわけだ。

弘法大師の五島での足跡として、お参りしたという福江島の明星院、黄島の延命院にある護摩の灰に残された大師の手形、そして大師作といわ

明星院（みょうじょういん）

長崎県五島市吉田町1905

弘法大師が参籠したと伝えられる古刹。九州でもっとも古い時代の仏像、銅造の薬師如来（国指定重要文化財）がある。

第15番札所

延命院（えんめいいいん）

長崎県五島市黄島

八十八ヶ所の札所のうち、唯一福江島から17キロほど南に渡った黄島にある札所。弘法大師の手形のある護摩の灰が残されている。

来迎院（らいごういん）

長崎県五島市浜町161

江戸末期から明治の学制施行まで、寺子屋教育として本堂を教室にし、住民の子弟に学問を教えていた。境内にミニ版の八十八ヶ所めぐりがある。

遣唐使船の日本最後の寄港地だった地に建つ辞本涯の碑

1 明星院
2 明星院護摩堂
3 来光坊
4 明星院行者堂
5 吉田地蔵堂
6 久木山鎮守堂
7 久木山地蔵堂
8 三番町地蔵堂
9 二番町地蔵堂
10 一番町地蔵堂
11 新二番町地蔵堂
12 新一番町地蔵堂
13 大工町地蔵堂
14 鍛冶屋町地蔵堂
15 延命院
16 唐人町地蔵堂
17 樫河地蔵堂
18 松山地蔵堂
19 大日山
20 大日山
21 戸楽地蔵堂
22 寶性院
23 向町地蔵堂
24 水主町観音堂
25 奥町地蔵堂
26 宗念寺
27 宗念寺大師堂
28 功明院
29 観音寺
30 大円寺
31 上大津地蔵堂
32 三尾野地蔵堂
33 辰ノ口観音堂
34 清浄寺
35 神宮寺
36 長手地蔵堂
37 大通寺
38 来迎院内西光院
39 来迎院
40 堤地蔵堂
41 増田地蔵堂
42 高田地蔵堂
43 慈光院
44 篭渕毘沙門堂
45 小田地蔵堂
46 六方地蔵堂
47 平蔵観音堂
48 樫ノ浦観音堂
49 栄林寺
50 戸岐浦地蔵堂
51 戸岐ノ首薬師堂
52 唐船浦観音堂
53 金福寺
54 金福寺観音堂
55 白石観音堂
56 渕ノ元観音堂
57 大川原地蔵堂
58 良永寺
59 濱ノ畔里行者堂
60 浜ノ畔竈行者堂
61 柏観音堂
62 丑ノ浦阿弥陀堂
63 貝津阿弥陀堂
64 丹奈観音堂
65 通福寺
66 志田尾薬師堂
67 井出関地蔵堂
68 松山地蔵堂
69 山内坂上地蔵堂
70 山内高田地蔵堂
71 山内柿ノ木場地蔵堂
72 南部地蔵堂
73 二本楠地蔵堂
74 寶性院
75 瑞雲寺
76 妙泉寺
77 実相寺
78 上ノ平地蔵堂
79 天福寺
80 小川地蔵堂
81 小川原地蔵堂
82 中須釈迦堂
83 寶泉寺
84 荒川地蔵堂
85 西方寺
86 玉之浦観音堂
87 大宝寺護摩堂
88 大宝寺

五島八十八ヶ所霊場専用の納経帳が用意されている。巡礼の前に問い合わせを

納経帳

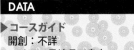

COURSE MAP

福江島

DATA

▶コースガイド
開創：不詳
エリア：長崎県五島市
コース全長：約150㎞
日程：車利用で4泊5日

【問い合わせ先】
五島八十八ヶ所霊場事務局　NPO法人アクロス五島
長崎県五島市三尾野町998-17　☎0959-72-7505
https://goto-acros.net/hudasyo/

れる大日如来や地蔵菩薩などが残されている。

島内に点在する88ヶ所の札所は地域に密着した素朴な地蔵堂や観音堂が多い。島内の福江、岐宿、三井楽、富江、玉之浦の5地区に分けられるので、地区ごとの雰囲気を楽しみながら訪ねるのが、この霊場の満喫の仕方でもある。

あとがき

最初はぎこちなかった参拝作法も、しだいに慣れて板に付いてきた。はじめて会った巡礼者とも、気軽に会話を交わせるようになった。

そして札所めぐりを続けていると、こんな心境の変化も迎える。

そもそも何を求めて巡礼に出たのか。それすらもどうでもいいことに思えてくる。周囲の景観に自分自身が溶け込んで、大きなものに見守られている実感だけが増す――。

その経験こそが、巡礼旅を無事終えたあなたの心をふくよかに、しなやかにしてくれるだろう。

本書が札所めぐりを志すあなたのお役に少しでも立てれば幸いだ。

私たちも旅に出る。どこかの霊場の札所でお会いしましょう。

札所めぐりで待っているもの

● 監修　八木　透（やぎとおる）

佛教大学歴史学部教授。文学博士。専門は民俗学。

1955年京都生まれ。同志社大学文学部卒業、佛教大学大学院博士後期課程修了。

世界鬼学会会長、日本民俗学会監事、公益財団法人祇園祭綾傘鉾保存会理事。

京都府および京都市文化財保護審議委員ほか、多数歴任。

「御朱印のひみつ 見かた・楽しみかたがわかる本」（メイツ出版）、「図解雑学・こんなに面白い民俗学」（ナツメ社）、「男と女の民俗誌」（吉川弘文館）、「京のまつりと祈り」（昭和堂）、「はじめての御朱印ガイド」宝島社、「全国御朱印図鑑」（SBクリエイティブ）ほか、監修書籍多数。

● 企画・編集　スタジオパラム

● Director　清水信次
● Editor & Writer　高木真琴
三浦靖史
大薗雅美
島上絹子
● Camera　上田克郎
● Illustration　高原めぐみ、板垣光子
● Design　スタジオパラム
● Special Thanks　秩父札所連合会、河西健治、クラブツーリズム
村上宏治／麻生祥代（村上アーカイブス）

■参考資料
「全国霊場巡拝事典」（大法輪閣）、「日本巡礼ガイドブック」（淡交社）
「四国八十八ヶ所　札所めぐりルートガイド」（メイツ出版）
「西国三十三ヶ所　札所めぐりルートガイド」（メイツ出版）
「秩父三十四ヶ所めぐり」（JTBパブリッシング）
「知識ゼロからの遍路入門」（幻冬舎）

「札所めぐり」のひみつ　歩き方・楽しみ方がわかる本
朱印集め・寺社巡礼　超入門

2021年10月30日　第1版・第1刷発行

監修者　八木　透（やぎとおる）
発行者　株式会社メイツユニバーサルコンテンツ
代表者　三渡　治
〒102-0093 東京都千代田区平河町一丁目1-8
印　刷　株式会社 厚徳社

ご意見・ご感想はホームページから承っております。
ウェブサイト　https://www.mates-publishing.co.jp/

編集長：折居かおる　企画担当：大羽孝志／折居かおる

※本書は2013年発行の『日本の札所めぐりの歩き方・楽しみ方徹底ガイドブック』を元に一部を再編集し、情報更新、加筆・修正をしたうえで、書名・装丁を変更して発売しています。